Ulla Thombansen

Fisch
unter Bäumen

Die Autorin „Ulla live":

Im März 1950 als Nachkriegs-Unternehmertochter geboren und in die Studentenbewegung hineingewachsen.

Diplom-Volkswirtin, freiberufliche Trainerin und Beraterin im liberalen Umfeld und in Service-Unternehmen samt Profi-Gastronomie. Unternehmensgründerin.

Neugierige Entwicklerin entlang der Werte und Management-Praktiken in den letzten fünfzig Jahren.

Reisefreudige Entdeckerin. Netzwerkerin, Coach und Autorin.

Älteste Schwester, Freundin, nordrhein-ostwestfälische Ehefrau. Mutter, Schwiegermutter, Großmutter, Tante und noch einiges mehr.

Seniorin und inzwischen Teilzeit-Pensionärin.

Ulla Thombansen

Für alle, die frisch im Kopf sind:

Fisch unter Bäumen

Hallo Babyboomer!

**Hier kommt mein Leben mitten durch
mehr als 50 Jahre erlebten Wandel.**

**Meine Geschichte:
persönlich, familiär und beruflich.**

Impressum

Texte und Umschlag: Copyright by Ulla Thombansen 2023
Überarbeitete Version: 30.06.2023

Verantwortlich für den Inhalt:
Ursula Thombansen, Im Quinhagen 2, 33104 Paderborn
ulla@thombansen.net, www.ullalive.de
Bilder: Wie angegeben/ ohne Angabe: Archiv Ulla Thombansen Consultant
Portraits Ulla Thombansen mit Fisch: Dave Lubek Photografie, https://dave-lubek.de
Die Deutsche Nationalbibliothek verzeichnet diese Publikation in der Deutschen
Nationalbibliografie: detaillierte bibliografische Daten sind im Internet abrufbar
unter dnd.dnd.de.
Herstellung und Verlag: BoD - Books on Demand, Norderstedt

ISBN: 9783749430055

Inhalt

Vorab: Typisch Fisch?

Pisces", das Fischpaar in meinem Sternzeichen.
Foto: iStock – 1366195216

Schon ein bisschen!

Geboren 1950 in den Iden des März, bin ich astrologisch ein Fisch. Einer? In meinem Sternzeichen bilden zwei Geschöpfe entgegengesetzt einen Kreis: Das Duale aus Widerspruch und Wiedervertragen, aus Kontroverse und Harmonie, das kenne ich nur zu gut. Auch wenn ich selten Horoskope lese: Von dem, was man mir nachsagt, fühle ich mich angesprochen. Ich sei ein „Sensibelchen", könne mich gut in Situationen und Menschen hineinfühlen, würde manchmal mutig und beharrlich neue Wege verfolgen, sei gleichzeitig oft verschlossen und würde aggressiv reagieren, wenn ich mich bedrängt fühle. All das sei wohl typisch „Fisch", so sagt man. Da wirkt in Summe jede Menge Gefühl – mit viel Wasser, zahlreichen Sprudeln und Strömungen! Ja, ich fühle mich wohl als Fisch im Wasser! Da stelle ich mir nur einen

Sommer ohne Meer vor. Oder eine Stadt ohne Cafés am Brunnen, am Fluss oder am See? Oder gar eine Landschaft ganz ohne Bachläufe? Geht gar nicht!

Und doch gilt meine große Liebe dem Wald, den Gärten und meiner Terrasse mit den vielen Blumen. Pflanzen entspannen mich: Schon als Kind habe ich meine Buden draußen im Grünen selbst gebaut. Das große Weite fasziniert mich, und ich liebe es, wenn mein Blick über grün bewaldete Landschaften schweifen kann.

In Bewegung!

Meine Lebensjahre sind bewegt und bewegend. Bewegt haben mich sicher meine Umfelder, die nie stabil geblieben sind, so sehr ich mir das oft gewünscht habe. Stattdessen haben sie laufend und bis heute neue Rahmen gesetzt, lange auch an wechselnden Wohnorten. Bewegend finde ich die Unterstützung und die Sympathie, die mir Menschen entgegenbringen. Auch meine Reiseerlebnisse zähle ich gerne dazu. Überhaupt mein ganzes „Drumherum": Ich schwimme mit Partner, Familie, Business und Gesellschaft durchs Wirtschaftswunderland. Da begleite ich meine Mit-Babyboomer wie auch die Folgegenerationen Golf, Millennials, Digital Natives und nun die Pandemials durch die Jahrzehnte. Werte bewegen sich: Ich spüre die wachsende Individualisierung geradezu persönlich, wobei sich Jahr für Jahr mehr „Ich" vor das „Wir" schiebt.

Das macht menschliche Kommunikation, Zusammenarbeit und Antriebskräfte laufend anspruchsvoller, was ich streckenweise anstrengend finde. Denn ich verbringe mein Leben intensiv mit Menschen, die ich in ihrer Wirkung unterstützen will – sei es als große Schwester, in der Schülernachhilfe, später in der Erziehung unserer Kinder, als Führungsmensch im eigenen Unternehmen und im jahrelangen Coaching im Beruf. Fünfzig Jahre als Entwicklungsbegleiterin rund um Familie, wirtschaftlichen Erfolg, Kundenbegeisterung und Erlebnisreichtum: Das wird eine Reise in meine Geisteshaltung und Gefühlsheimat. Denn in diesem halben Jahrhundert ändern sich vorrangige Tugenden immer weiter: Nach der Nachkriegs-Gehorchen-Zeit zählen zunächst Freiheit, Unabhängigkeit, Gerechtigkeit und Gemeinsinn. Dann folgen Jahre mit permanenter Optimierung, gepaart mit dem Streben nach Effizienz und Karriere, bis aktuell Autoritäten wieder aufbrechen und mehr Selbstwirksamkeit gefordert wird. All das habe ich hautnah erlebt und teile es mit dieser Biografie in den acht folgenden Stationen, in denen ich den Wasserarmen folge, an denen ich gelebt habe, denn Wasser braucht der Fisch.

Mein Sehnsuchtsblick in Südfrankreich bei unseren Freunden Rudolf und Angelika:
Alles grün – von der Terrasse bis zum Meer!
Links verbirgt sich Nizza, rechts sind Antibes & Cannes.

9

Was kommt...

Ich beschreibe Erlebnisse, teile Empfindungen, erinnere an markante Ereignisse in Politik & Gesellschaft und ergänze, was mir in den Stationen geholfen oder im Weg gestanden hat. Vielleicht reizt das zum Bestätigen oder eher zum Widerspruch? Machen wir uns einfach gemeinsam auf die Reise durch mein Leben.

Vorher zur Sprache: Gendern liegt mir nicht, zumal ich nicht glaube, dass Schrägstriche, Sternchen oder Doppelpunkte mit angehängten „innen" diejenigen inspirieren, die ihre Denke feminin auffrischen müssen. Außerdem finde ich es sprachlich unschön. Wenn ich Funktionen benenne, meine ich selbstverständlich Jungs und Mädels, das spiegelt sich auch in meinem Umfeld mit vielen Frauen und Männern. Ich bemühe mich um korrekte Ansprache, auch mit „Mitarbeitenden" und „Teilnehmenden", die wir so schon in den 1980ern in meiner Arbeit bei einer Kundin ansprechen, weil wir das als angenehm aktivierend empfinden.

Ansonsten benenne ich sie Beide, die „Arbeitnehmer" und die „Arbeitnehmerinnen", denn so viel Zeit muss sein.

Also, springen wir ins Wasser!

Ja, ich bringe rheinischen Frohsinn mit!

Aufgewachsen an Düssel & Erft

Es ist Dienstag, der 11. Oktober 1968. Mein hellblauer VW-Käfer ist gepackt – voll bis unter den Autohimmel. Ich sage meinen Eltern im Büro nochmals „Tschüss", fahre mit dem Aufzug hinunter, gehe hinaus und steige ein. Los geht's, ab nach Freiburg ins Studium.

Hinter mir liegen achtzehn Jahre mit meiner Familie, den Trippe's: wochentags in Düsseldorf, am Wochenende und in vielen Ferien in Bad Münstereifel-Schönau, kurz hinter der Erftquelle, also rechts und links vom Rhein geprägt.

Der gerade verstorbene Großvater war Jäger, ebenso wie mein Vater. Das gehört zum Beruf und zum Umgang mit Kunden und Freunden in Vaters Geschäftswelt, nämlich „Eisen & Stahl". So zieht es den Familientross zuverlässig in der Freizeit in die Eifel. Schon im Krieg war Schönau der Zufluchtsort für die Sippe, die hier erfolgreich den Bomben auf die Großstadt entkam. Das alte Jagdhaus hat Platz für viele Gäste – samt Haushälter-Ehepaar mit Hühnerzucht und Holzwirtschaft für die Öfen. Doch werktags wachse ich in und rund um Düsseldorf auf. Nach ersten Jahren in Oberkassel geht es ins Umland nach Hösel bei Ratingen in eine wunderschöne Villa mit Riesengarten und Pool.

Unser Vater Hannswalter ist Chef der nach dem Krieg schon 1946 wieder gegründeten Hansa Eisen Trippe GmbH & Co. KG mit dem maßgeblichen Teilhaber Friedrich Flick, der bereits seit 1912 in

Flick & Trippe mit dem Großvater Anton verbandelt ist.[1] Dorthin fährt der Chauffeur, für uns der uniformierte „Onkel Klapdor", unseren Vater jeden Morgen. Gerne besuche ich ihn in der Firma, wo ich das Gewusel spannend finde.

Dabei ist unser Vater noch sehr jung, was wir Kinder nicht wahrnehmen. Mit 16 Jahren ist er 1936 nach dem „Einjährigen", wie der Abschluss nach der zehnten Klasse damals noch hieß, zum „Reichsarbeitsdienst" gekommen,[2] von wo aus er direkt in die Armee zur Kavallerie und dann nahtlos in den Krieg zieht. Er ist erst 26, als er aus amerikanischer Gefangenschaft in Marseille anlandet. Laut unserer Mutter ist er deutlich gezeichnet von Hunger und Erfrierungen in den Beinen, die er aus seinem Finnland-Einsatz mitgebracht hat und was ihn Zeit seines Lebens mit Thrombosen und offenen Beinen verfolgen wird. Seine Jugend ist weg – und mit ihr auch viel Gesundheit. Viele Kuren folgen, und ich sehe ihn immer noch vor mir, wie er sich morgens mühsam seine engen, maßgeschneiderten Gummistrümpfe über die Waden zieht. – Doch jetzt kommt er erstmal ins Lazarett und dann direkt als Junior in die elterliche Firma.

1948 heiratet Hannswalter seine Sekretärin Ilse Grünauer, was zum Zerwürfnis mit seiner Mutter Elly führt, die für ihren Ältesten andere Kandidatinnen im Auge hat, die sie im Gegensatz zu dieser Angestellten gesellschaftlich für angemessen hält. Der Riss sitzt tief: Diese

---

[1] Kim Christian Priemel: Flick: Eine Konzerngeschichte vom Kaiserreich bis zur Bundesrepublik. 2007.
[2] „Alle jungen Deutschen beiderlei Geschlechts sind verpflichtet, ihrem Volk im Reichsarbeitsdienst zu dienen." https://de.wikipedia.org/wiki/Reichsarbeitsdienst, aufgerufen am 17.05.2023.

Großeltern finden bei uns bis etwa 1965 kaum statt.

Der Großvater, eine stattliche Persönlichkeit, besucht manchmal unseren Vater. Einmal kauft er mir – ich war etwa fünf Jahre alt – in Münstereifel ein wunderschönes kariertes Kleid mit weißem Kragen, das ich selbst aussuchen darf! Welche Freude! Kindheitserinnerung. Als er im Alter erkrankt und in meiner Oberstufenzeit immer wieder nach Freiburg in die Klinik kommt, besuchen wir die Großeltern auf unseren Fahrten in den Winterurlaub. In den Ferien betreue ich dort die „Oma", was den Samen für meine Liebe zu dieser Stadt legt.

Die ursprünglich österreichischen Großeltern Grünauer sind vor dem Krieg zur Düsseldorfer Niederlassung der Stahlwerke Böhler aus Kapfenberg in der Steiermark gekommen. „Opapa" ist hier Betriebsleiter. Die Familie wohnt in einer Werkswohnung an der Heerdter Landstraße, wo unsere Mutter mit ihrer Schwester aufwächst und rund ums Kriegsende neben ihrer Arbeit fleißig Lebensmittel im ländlichen Umfeld „hamstert". Unsere „Omi" ist ein herzensguter und liebenswerter Mensch, der oft bei uns aushilft und den wir Kinder sehr mögen.

In unserer Höseler Villa führt unsere Mutter ein großes Haus mit einem stattlichen Garten. Unserem Gärtner folge ich treu wie ein kleiner Hund über riesige Rasenflächen und durch die Beete. Es gibt auch ein Hausmädchen, ein Küchenmädchen sowie jeweils Säuglingsschwestern für den 1952 geborenen Stammhalter Hannswolfgang und für Bruder Stefan, der 1955 hinzukommt. Später werden sie von Kindermädchen abgelöst. Die Villa sieht rauschende Feste, auf denen unsere Mutter in wunderschönen maßgeschneiderten Ro-

13

ben glänzt. Vorher versorgt uns stets das Kindermädchen, denn satte Kinder sind ruhige Kinder! Die obere Etage dürfen wir jetzt nicht mehr verlassen. Deshalb „spinksen" wir ganz leise und verstohlen durchs Treppengeländer.

Das ist Wirtschaftswunder auf hohem Niveau. Die oft beschriebene Nachkriegsstimmung der 1950er-Jahre erlebe ich kaum, höchstens im Dorf in der Eifel. Dort zieht Wohlstand erst spät ein und die Dorfstraße ist lange nicht asphaltiert, was sich dann erfreulich bis zum Ende des Jahrhunderts entwickelt. Natürlich müssen wir unsere Teller leer essen, egal wie sehr ich Milchbrei, Graupensuppe oder rheinische Schnippelbohnensuppe mit ihren vielen Fäden verabscheue, ganz zu schweigen vom täglichen Löffel Lebertran. Im Kinderheim im Schwarzwald tanken wir auf langen Spaziergängen und bei strenger Mittagsruhe auf der überdachten Terrasse gesunde Luft für gesunde Lungen, denn noch grassiert die Tuberkulose.

Plötzlich kippt zu Hause die Stimmung. Hansa und ihre Schwesterfirmen schließen 1956. Gerüchteweise höre ich später aus der Familie und lese es in Veröffentlichungen[3], dass sich der Stahlmagnat Flick, der sein Imperium bereits kurz nach dem Krieg wieder weit verzweigt etabliert hat, zurückzog, weil unter der Trippe-Leitung nicht alles korrekt zugegangen sei. Vater startet in seinem „Herrenzimmer" in der Villa mit seiner Ilse die Industrie- und Handelsvertretung HAWETE GmbH, die durch ihren Fleiß und die Konsequenz

---

[3] Norbert Frei, Ralf Ahrens, Jörg Osterloh, Tim Schanetzky: Flick: Der Konzern, die Familie, die Macht. 2010.

der Beiden zur echten Erfolgsgeschichte wird. Hier werden Walzen, Gussteile, Maschinen, Auto-Schredder, Schiffsschrauben und vieles mehr aus Eisen und Stahl in der Industrie vermittelt, national wie international. Die Familie sieht bis zu Vaters Tod 1999 beständige Geschäftigkeit, immer auf dem aktuellen Stand der Bürotechnik – vom Telex mit gestanzten Lochstreifen bis zur jeweils modernsten PC-Software ins neue Jahrtausend hinein. Teils führt Ilse interimsweise „den Laden", wie er im Familienjargon heißt, weil Vater zwischendurch für Maschinenfabriken in Kassel, Düsseldorf und den USA arbeitet. Etwa von meinem 13. Lebensjahr an helfe ich im Büro, was mir besser gefällt als die schnöde Hausarbeit.

Spiel, Schule und Sport

So wachse ich im Selbstständigen-Haushalt heran, was mich eindeutig prägt. Kindergarten und Volksschule, wie sie noch heißt, absolviere ich noch in Hösel – letztere bei einem kriegsversehrten Lehrer mit Rohrstock, von dem er eifrig Gebrauch macht. Die Eltern finden das in Ordnung, auch zu Hause setzt es öfter mal was.

Dort spiele ich im Garten oder im angrenzenden, wild wachsenden „Gelände", wo ich die ersten Buden baue, zu denen Küchenmädchen Maria Töpfe, Teller und Besteck beisteuert. Der Nachbarsjunge Dieter spielt oft mit, meine jüngeren Brüder weniger. Wir wohnen in der Waldstraße. Hier gleich um die Ecke liegen Baracken mit Flüchtlingen, mit denen wir uns nicht treffen dürfen. Das tun Dieter und ich natürlich dennoch und erfahren herzliche Menschen.

Aber die Villa in Hösel Haus hängt – ebenso wie das alte Jagdhaus in der Eifel – im Vermögen der Hansa und wird verkauft. So bauen meine Eltern in Düsseldorf auf dem ausgebombten Grundstück von Vaters Eltern ein neues Mehrfamilienhaus, in das wir 1961 ziehen, vis-à-vis zum Zoopark.[4] Oben befindet sich unsere Wohnung, darüber das repräsentative Wohnzimmer und das Büro mit Chefzimmer und Sekretariat – die Rollenteilung bleibt! Zwei Stockwerke werden vermietet, im Parterre gibt es die Wohnung für das Hausmeister-Haushälterin-Ehepaar sowie die „Mädchen-Zimmer" für weiteres Personal.

Ich bin inzwischen im Goethe-Gymnasium, damals noch eine reine Mädchenschule. So wie ich das Schulgebäude schon nicht mochte, als ich zum ersten Mal eher ängstlich hineinschlich zur Aufnahmeprüfung, die 1960 noch anstand, so hat sich meine Abneigung über neun Jahre hinweg gehalten: Der massive, dunkle Kasten ist mir fremd, im dunklen Winter sogar unheimlich. Leistungsmäßig bin ich mit Noten im oberen Drittel vom Klassenschnitt zufrieden, was ich gut schaffe. Mit den Lehrern und Lehrerinnen habe ich nicht viel am Hut, zumal sie ungefragt meinen Namen verballhornen – „Usch", „Uschi" und „Ursel" hasse ich, „Ulla" ist zwar ok, aber das höre ich noch selten. Die Biologiepädagogin mag ich – wahrscheinlich, weil sie sich öfter mal ernsthaft mit mir unterhält – wie auch unsere Französischlehrerin, die mir die Liebe zur französischen Sprache schenkt.

---

[4] Bis in den Krieg hinein befand sich hier der Düsseldorfer Zoo, der nach Bombardierungen aufgelöst und danach nicht wieder eingerichtet wurde. Aber der Park ist geblieben – mit seinem alten Namen.

Die Eltern in winterlicher Idylle in Klosters, Schweiz.
Unsere Mutter mit den ersten drei Sprösslingen, ca.1958.

17

Überhaupt: Meine Gymnasialzeit fällt in den Beginn der deutsch-französischen Freundschaft mit ihrem Hype um französische Musik und ihre Interpreten. Mein eigens zum Tanzschul-Abschlussball von Mutters Schneiderin angefertigtes Kleid ist denn auch einem Modell nachempfunden, das die Sängerin France Gall bei einem ihrer Auftritte getragen hat. Klasse! Und so changiert mein Musikgeschmack: Nach „Brücke am Kwai" und Schlagern à la „Weiße Rosen aus Athen" oder „Zwei kleine Italiener" machen France Gall, Gilbert Bécaud, Françoise Hardy und der geniale Johnny Hallyday das Rennen. Nach dem Abitur werden Stevie Wonder, Neil Diamond und Neil Young hinzukommen.

Das einzige Radio in unserem Haushalt ist der große Weltempfänger, der sich samt Plattenspieler im Wohnzimmer in einem „Tonmöbel" verbirgt. Solche Kommoden sind en vogue, denn Technik wird genauso versteckt wie die Heizkörper hinter eleganten Verkleidungen. Hier höre ich nachmittags Nachrichten und Musik, wenn ich nicht endlos mit Freundinnen telefoniere. – Telefon? Wir haben vier Apparate in Büro und Wohnung: alle vornehm in beige statt in schwarz, mit Wählscheibe und einer Gabel mit dem massiven Hörer darauf!

Von seinen Amerikareisen bringt unser Vater kleine „Transistorradios" mit, mit denen wir jetzt aus jedem Raum Radio Luxemburg mit Frank Elstner oder Radio Hilversum mit „klasse" Musik hören können, also auch im eigenen Zimmer oder im Bad. Und ja, ganz richtig: „klasse" ist unser damaliges „cool", „geil" oder „mega". – Einen Fernseher bekommen wir übrigens erst spät.

Und meine Mitschülerinnen? Verbunden bin ich vor allem mit Cousine Helga, mit der ich von der Sexta bis zur Oberprima, also von Anfang bis Ende, in einer Klasse und zusammen auf vielen Schulwegen unterwegs bin. Wir Zwei sind „dicke" miteinander, obwohl sie in Ermahnungen meiner Mutter dauernd als gutes Beispiel herhalten muss: „Die backt so gute Kuchen!", „Die hat beim Bridge so nett serviert!", „Helga wird doch auch Lehrerin und bleibt in Düsseldorf!" – Das alles ist nix für mich. Wir beiden „Rosinchen", wie wir uns abgewandelt von „Cousinchen" nennen, verstehen uns unabhängig davon bis heute gut. Die andere Freundin ist Claudia, bei der zu Hause ich mich sehr wohlfühle. Später zieht sie nach Argentinien, woraufhin sich der Kontakt verliert. Das war's auch schon und reicht an schulischen Beziehungen. Klassentreffen? Nein, danke!

Als Teenie in der Familie

Zurück zur Kernfamilie: 1963 kommt Bruder Roland als Nachzügler zur Welt. Aufklärung? – Nein, gab's nicht, zu der Zeit auch nicht in der Schule. Erst sechs Wochen vorher bemerke ich Mutters dicken Bauch unter dem weiten Kleid. Die öffentliche Aufklärungswelle mit Oswalt Kolle startet erst Jahre später.[5] Was sich da jenseits von Bienchen und Blümchen tut, das haben wir beiden „Rosinchen" in einem heimlich gelesenen Roman unserer Mütter erfahren.

Anfangs gibt es für Roland wieder die obligatorische Säuglingsschwester im vollen gestärkten Uniform-Ornat mit Haube. Es folgt mit „Gudi" ein Kinder- und Hausmädchen, das ich mag und später

---

[5]https://www.ndr.de/geschichte/koepfe/Oswalt-Kolle-Der-Aufklaerer-der-Nation,oswaltkolle102.html, aufgerufen am 07.06.2022

sogar in seiner schwäbischen Heimat besuchen darf. Aus dieser Zeit stammt Mutters Spruch: „Du hast eindeutig einen Hang zum Küchenpersonal!" Wie recht sie behalten soll! Abwarten, das Rätsel löst sich erst auf, wenn ich mich beruflich orientiere!

Roland bekommt mein Zimmer – für mich wird der Raum im Spitzboden zwei Stockwerke höher ausgebaut. Ein Traum! Ich bin weg vom Schuss! Wirklich? Auch wenn ich aus dem Puppenalter heraus bin, habe ich jetzt einen kleinen Bruder – oder ersten Sohn? Er hängt an mir wie eine Klette an der Strickjacke und gehört von nun an bis heute zu mir! Doch auch das ahne ich noch nicht.

Als Älteste und obendrein als Mädchen habe ich Haushaltspflichten am Hals, vor allem Brüderbetreuung, Frühstückmachen, Schulbrotschmieren, mit dem Fahrrad Einkaufenfahren und Spülen nach den Mahlzeiten. Die Jungens sind fein raus, ja, sie trocknen nicht einmal ab, was ich echt ungerecht finde! Doch die grinsen nur, wenn ich maule. In dieser Generation bin ich wahrscheinlich nicht das einzige Mädel, das darüber flucht.

Womit ich meine Tage verbringe? Zunächst draußen an glatten Hauswänden, um „Proben" mit kunstvoll geworfenen und gefangenen Tennisbällen zu üben. Oder um „Gummitwist" zu hüpfen, wobei Laternenmasten Mitspielerinnen ersetzen, um das Gummi zu spannen. Da kämpfe ich in immer neuen Runden gegen mich selbst. Mit Nachbar-Jungs spielen wir auf noch reichlich vorhandenen Trümmergrundstücken, woher meine Abscheu vor Ratten rührt, die wir manchmal aufscheuchen. Wir streunen die benachbarte Düssel entlang oder im Zoopark herum, denn da gibt es diesen Spielplatz, wo

20

man sich lässig auf dem Karussell drehen und früh flirten kann. Vor allem finde ich wieder ein „Gelände": das große unwegsame Grundstück, auf dem heute das Gebäude vom VDI steht, wo ich mit den Nachbarjungens und stibitzten Rosenscheren Gänge ins wilde Brombeergestrüpp schneide und mal wieder Buden baue. Das sind echte Burgen, deren Inneres man von außen nicht sieht, denn ich bin „Die rote Zora", meine Heldin aus dem gleichnamigen Buch. Mein anderes Lieblingsbuch ist Nils Holgersson, mit dem ich auf Gans Martin über die weite Welt reise.[6] Comics und die Bravo sind bei mir noch streng tabu, bei den Brüdern später allerdings erlaubt – wie so manches, was bei mir noch so gar nicht ging! In der Eifel schleichen wir Geschwister als Cowboys durch die Wälder und scheuchen Spaziergänger mit unseren Schreckschusspistolen auf, bis unser Vater davon erfährt: Da setzt es was. Nach der Tracht Prügel lassen wir das fortan.

Auch die Jagd interessiert mich. Ich gehe gerne mit unserem Vater auf die Pirsch, auf Hochsitze und Treibjagden, und Jagdhund Heiko ist mein Freund. Mit fünfzehn pauke ich mit dem Nachbarsjungen für seine Jägerprüfung, doch als ich ein Jahr später alt genug für meine bin, ist mein Interesse verflogen. Da zählt bereits die Ausgehwelt. Gut gefällt mir weiterhin das regelmäßige Tontauben- und Scheibenschießen. Denn das kann ich, und das ist es, was mich auf der Düsseldorfer Kirmes zur unbestrittenen Rosen-Schützenkönigin macht.

Die Eltern haben häufig Gäste. Legendär sind ihre Eifler Pfingstfeste

---

[6] Kurt Held: Die rote Zora und ihre Bande. 1963
Hans Malmberg nach Selma Lagerlöf: Nils Holgerson. Seine schönsten Abenteuer in Bildern. 1962

unten am „Steintisch" mit dem Mühlstein aus dem Dorf als Tisch-platte. Wir Kinder hassen sie, denn wir schleppen reichlich Speis und Trank die Wiese runter und die Reste wieder rauf ins Haus. Anfang Juli gibt es nach Vaters Geburtstag mit Familie und Freunden immer das große Sommerfest mit Riesen-Schinkenbraten und rheinischem Kartoffelsalat, bei dem es bis zur letzten Minute fraglich ist: drinnen oder draußen? Meist klappt es trotz unbeständiger Eifelwitterung dann doch auf der Terrasse.

„Rosinchen" Helga hat im Wochenendhaus ihrer Familie eine echte Bude im alten Gartenhaus, in die wir uns stundenlang verkriechen. Unsere Puppen heißen zunächst Erika und Monika, dann Christine und Madeleine – so viel zur Kulturgeschichte. Überhaupt gefällt es mir dort, wenn der Onkel abends auf seiner „Quetschkommode" Lie-der spielt und wir mitsingen. Dass ich gerne singe, bringt mich in den Kirchenchor, doch so richtig allein „rausschmettern", das traue ich mich höchstens allein im Auto. Meine musikalische Früherziehung mit Blockflöte und Xylofon trägt jedenfalls keine nachhaltigen Früchte.

In Teeniezeiten halten „Kinderwagen schieben" oder „mit dem Hund rausgehen" als Vorwand her, dass ich meinen Schwarm Jens treffen kann. Dann wird die Düsseldorfer Altstadt unsere Spielwiese. Die Rottfeld-Clique, benannt nach der Straße direkt um die Ecke, in der die meisten Freunde wohnen, nimmt mich als Jüngste mit. Klasse! – Mit Fritz und dann Harald, die bereits ihre Führerscheine haben, mache ich manch späten Ausflug ans dunkle Rheinufer. Jetzt darf ich auch hin und wieder am Samstagabend in Düsseldorf mit auf eine Fete gehen, sofern mich mein Begleiter am Sonntagmorgen pünktlich in der Eifel abliefert! Strenge Sitten!

Ansonsten kümmern sich meine Eltern um angemessene Freizeitbeschäftigungen für mich als angehende junge Düsseldorfer Dame: Eiskunstlauf, Tennis im angesagten Rochusclub und Reiten. Die beiden ersten sitze ich aus, bis ich abgemeldet werde, das Reiten macht mir Spaß. Doch chronische Entzündungen in beiden Armen schieben dem bald einen Riegel vor. Noch bis ins Abitur hinein trage ich häufig Gips und hacke Klausuren mit beiden Mittelfingern auf einer Reiseschreibmaschine allein im Raum. Das kann ich zwar fix, aber leider bis heute weder blind noch fehlerfrei.

Ich werde ordentlich in die Gesellschaft eingeführt, natürlich im „langen Weißen" auf einem Jahresball vom Lions Club Rhenania,[7] den unser Vater mitgegründet hat. Nun bekomme ich lauter komische Einladungen in „gute" Familien mit allerdings blöden Söhnen, wie ich finde. Zur Freude meiner Mutter ist einer davon besonders hartnäckig, doch auch er muss schließlich aufgeben. Nix für mich.

Ich kann mein Elternhaus – bei allen gebotenen Chancen – nur als autoritär bezeichnen: Sanktionen sind harsch, wenn wir elterliche Normen missachten. Schimpfe offenbart dann oft, wie undankbar sie uns finden, wo wir doch so viel bekommen. Das Materielle zählt.

---

[7] Lions Clubs sind sogenannte Service-Clubs wie auch die Rotary Clubs, denen ich später angehören werde. Sie setzen sich für Humanitäres, Frieden und Völkerverständigung ein sowie für Hilfestellungen im täglichen Leben von Bedürftigen und werden auch als soziales und berufliches Netzwerk genutzt.

Besonders massiv geht mir der Kontrolltick meiner Mutter auf die Nerven. Aufgemachte Post, kontrollierte Schreibtischschubladen und offensichtlich entdeckte Tagebuchverstecke. Das scheint genauso selbstverständlich wie Nachspionieren beim sonntäglichen Tanztee, als sie plötzlich vor mir und meinem Freund vor dem Lokal steht. Das wird sich bis durchs Studium ziehen. Auch das ist nix für mich. Deshalb schwöre ich früh: „Das mache ich bei meinen Kindern anders!" Wer nimmt sich das nicht in seiner Jugend vor? Auch ich höre später oft genug von meinem Nachwuchs: „Wie Deine Mutter!" – Das ist halt so, denn Kinder fallen ja nicht weit vom Baum.

„Manchmal mache ich den Mund auf und
meine Mutter kommt raus."
Stefan Verra [8]

Reisen als Erlebnisquelle

Meine Brüder reiten weiter in der Eifel mit den inzwischen eigenen Pferden Carmen aus dem Meerfelder Bruch und ihrer Tochter Kyra – welch anspruchsvolle Namen für die beiden rustikalen Ponys! Meine Ferien müssen sich jetzt anders füllen. Bisher ging es im Sommer gemeinsam mit der italienischen Cousine Barbara nach Forte dei Marmi an die italienische Riviera oder für mich nach Rapallo zu ihrer Mutter, die aus Vaters Familie dorthin geheiratet hat. Lange geschah das mit Mutters DKW-Cabrio, das an den Baustellenampeln am Gotthardpass heiß lief, denn vom Tunnel fehlte noch jede Spur. Starke Bauarbeiter, die den schönen Damen gerne halfen, drehten das Gefährt in

---

[8] Stefan Verra, #257, Mailinglist vom 08.05.2022

Richtung Tal, bergab fahrend konnte es wieder abkühlen, und man versuchte es mit aufgefülltem Kühlwasser erneut, in meiner Erinnerung viele Male. Italien ist damit auch in unserer Familie wie bei vielen Deutschen in den Sechzigern „in". Hier lerne ich unter Vaters strengem Blick auch, Spaghetti allein mit der Gabel aufzurollen, also sie ohne die Hilfe vom „deutschen Löffel" zu essen. Tischmanieren sind in unserer kinderreichen Familie denn auch ein nicht endendes Konfliktthema, was prägt. Auch wenn sich über die Jahre viele Regeln lockern werden, störe ich mich heute selbst daran, wenn mir gegenüber jemand über dem Tisch hängt und sein Futter schlürfend in sich hinein schaufelt. Das verdirbt doch jeglichen Appetit!

Im Winter und manchmal auch im Frühjahr geht es nach Adelboden im Berner Oberland, wo die Eltern auf ein Sanatorium schwören, was später durch Einrichtungen in Bad Wiessee und dann in Montegrotto Terme ersetzt wird. Weihnachten und Neujahr verbringen wir samt Cousins und Cousinen im angemieteten Chalet am Rande von Adelboden, da ist unser Vater sehr familienorientiert und schnürt der ganzen Bagage morgens die Skischuhe, die anfangs noch aus Leder sind. Hier lerne ich über ein gutes Jahrzehnt hinweg passabel Skilaufen. Das Beste an den Weihnachtsferien ist immer die Pferdeschlittenfahrt nach Gilbach, wo das Käsefondue wartet: Da war doch immer Schnee auf den Straßen, oder?

Auch zwischenmenschlich knistert es hier – ich erinnere mich an Peter aus Biel, mit dem ich an vielen Winterabenden ausgehe. Zudem sind die Skilehrer nicht ohne, doch bald singen nicht nur meine Brüder das Lied: „Und die Mutter ist immer dabei." Das stimmt mehr, als mir lieb ist. Denn auch sie ist eine gute und attraktive Skiläuferin und auf denselben Touren unterwegs wie wir Kinder, wodurch ich andauernd „unter Kuratel" stehe.

Der Vater ist sehr aufgeschlossen für Sprachen, hat er doch in amerikanischer Gefangenschaft Englisch gelernt, was ihm beruflich sehr zugutekommt. Überhaupt bedauert er, dass Bildung in seiner Familie keinen Stellenwert hatte: „Ich bekam rechts und links eins hinter die Ohren, als ich das Abitur machen wollte", erzählt er und schleust seine ersten drei Kinder durch das Abitur und schließlich Roland durch die mittlere Reife und die Ausbildung zum kaufmännischen Angestellten. „Reife", was für ein blöder Ausdruck, als ob wir mit unseren Abschlüssen eine besondere Lebensklugheit bewiesen hätten.

Auf jeden Fall sollen wir Sprachen lernen und die Welt sehen. Also reise ich mit sechzehn im Schüleraustausch nach Le Mans zu einer Polizistenfamilie, die mir mit ihrem historischen Auto, einer Vorkriegs-Citroën-Traction, engagiert die Loire-Schlösser und Paris zeigt. Hier genieße ich sogar alltags Mehrgänge-Menüs. Ihre Tochter Annie kommt im Sommer zu uns, gleichzeitig mit Cindy, der Tochter eines amerikanischen Geschäftsfreundes von unserem Vater, was mein Reiseziel in Ohio für den folgenden Sommer sichert.

Auch meine Eltern geizen gegenüber den jungen Besucherinnen nicht mit touristischen Highlights, so rund um den Tegernsee mit umfassender Schlösser- und Klostertour, die ich bei der Gelegenheit auch zu Gesicht bekomme, und in London mit dem Vater. Vor allem kann ich – mit frischer Courrèges-Kurzhaarfrisur – zu meiner ersten Fete mit Jungens einladen, wo wir Twist und Klammerblues tanzen.

26

Von Swinging London aus reise ich weiter nach Wales zu einem anderen Geschäftsfreund von unserem Vater und seiner jungen Frau, die mir in ihrem flotten MG Cabrio die vielen Feste und Sehenswürdigkeiten im ganzen Land zeigt und mir vor allem das abendliche Ausgehen ins nahe Städtchen Bridgend erlaubt. Welch ein Sommer!

Mit Vater und Cindy 1966 in London.
Wie alt wir doch im Vergleich zu den heute 16- oder 17-Jährigen aussehen!

Mit „siebzehn Jahr, blondes Haar" geht es dann einen langen Sommer lang in die USA, erst einmal via Montreal, wo ich mit einer dort lebenden Cousine meine erste Weltausstellung genieße. Dann kommt New York. Nach dem Helikopterflug Downtown bringt mir Vaters ehemalige Sekretärin die Stadt näher, samt Hochhausausflügen, Broadway-Musical, Besuch der UN und Konzert in der Radio City Music Hall. Harlem & Co. sind damals allerdings noch „out of Bounds", also Zutritt streng verboten.

> *Die Unruhen in Detroit 1967 (im englischen Sprachraum 1967 Detroit riot oder 12th Street riot gelten als eine der größten sogenannten Rassenunruhen ("Race riots") in den Vereinigten Staaten. Sie forderten 43 Todesopfer, 1189 Verletzte und 7000 Verhaftete. Ausgelöst wurden sie am 23. Juli 1967 durch eine Polizeirazzia in einer Bar ohne Ausschankgenehmigung in Detroit, und dauerten etwa fünf Tage. Die Unruhen waren eine von mehreren in den USA im sogenannten "Long, hot summer of 1967".[9]*

Mit Cindy genieße ich ihre letzten Highschool-Wochen, ihren College-Start sowie jede Menge Feten, Konzerte, Baseball- und Football-Spiele, Country Club und Urlaub am Eriesee. Hier wird auch kritisch diskutiert, z. B. über die aktuellen Rassenunruhen, die ich täglich im Fernsehen mitbekomme. Klare Einstellung der ansonsten tief republikanisch geprägten Familie: „Wir müssen die Rassenintegration in unserer Demokratie verwirklichen, sonst sind wir nicht glaubwürdig, und das fliegt uns um die Ohren!" Das imponiert mir, zumal ich in Deutschland von dieser Bewegung nicht viel mitbekomme, und wenn, dann sehr konservativ kommentiert. Mein noch unterentwickelter Musikgeschmack wird hier mächtig modernisiert. Ich erlebe viel Livegespieltes von großen Schul- und Club-Orchestern mit vie-

---

[9] https://de.wikipedia.org/wiki/Unruhen_in_Detroit_1967, aufgerufen am 07.06.2022

len Bläsern, die ihre Instrumente synchron im Takt schwingen. Meine Liebe zu Rock & Blues & Folk ist seitdem stabil. – Auf dem Rückweg mache ich Station in Italien und vertrete unsere Familie bei der Hochzeit von Cousine Barbara und ihrem Carlo, der Beginn unserer wunderbaren Freundschaft.

Erste Abnabelung

Aufgeschlossenheit prallt in unserer Familie auf harte Grenzen, sobald es politisch wird. Das Dritte Reich findet weder in der Schule noch zu Hause statt, Antisemitismus ist latent spürbar. Diskussionen unterlasse ich, nachdem es ein paar Mal sehr laut geworden ist. Führende Wirtschaftsvertreter und Politiker erlebe ich persönlich, wenn mich mein Vater in Stahlwerke oder zu Vorträgen in den Industrie-Club mitnimmt, so auch zu Franz Josef Strauß. Mit seiner schon jetzt miterlebten einseitig-lauten Polemik ist und bleibt er nicht mein Fall! Bei Fahrten zu Stahlkunden erinnere ich mich gut an die dicken schwarzen Wolken, die sich aus Schornsteinen quellend am Horizont abzeichnen. Als ich einmal mit in einen Kohlestollen einfahren und ein anderes Mal ziemlich nah an einen Hochofen herandarf, fasziniert mich das besonders, vor allem der abgestochene Stahl, wie er glühend-fauchend in die Wannen fließt. Unheimlich!

> *... Hochöfen, Kraftwerke, Kokereien und andere Industrieanlagen sorgen für eine hohe Luftverschmutzung. 1962 werden in einigen Gebieten des Ruhrgebiets Schwefeldioxidwerte von 5.000 Mikrogramm pro Kubikmeter Luft gemessen und ein Anstieg der Sterblichkeitsrate nachgewiesen.*

> *Bereits 1961 hatte Willy Brandt im Bundestagswahlkampf gefordert: „Der Himmel über dem Ruhrgebiet muss wieder blau werden."* [10]

Natürlich lese ich generationsgerecht das „Tagebuch der Anne Frank". Doch erst später wird der Holocaust greifbar in Gesprächen mit dem Trainer-Kollegen Eduard, den ich dann kennen und schätzen lerne. Ich lese nun Biografien über Lokalmatadoren, z.B. Kaufhaus-Eigentümer und Kulturgrößen vor und nach dem Krieg, und erlebe die Historie durch KZ-Besuche und Ausstellungen: Unvorstellbar. Als Einstellung verankert sich bei mir: Bitte nie wieder! Oder mit *Immanuel Kant,* auch wenn er schon lange tot ist:

> *„Was ich will und tue, muss so sein,*
> *dass es zu Gesetzen für alle taugt."*

Oder weniger theatralisch, getreu dem Volksmund:

> *„Was Du nicht willst, was man Dir tut,*
> *das füg auch keinem anderen zu."*

Gewiss, ein Riesenanspruch! Jugendliche Gerechtigkeitsvision! Klappt auch nicht immer und braucht bei mir öfter einen Tritt in den Allerwertesten!

Der elterliche Freundeskreis dreht sich um Krieg, Industrie sowie

---

[10] Rheinische Post am 11.01.2019 in einem Rückblick. https://rp-online.de/nrw/panorama/so-verlief-der-erste-smog-alarm-deutschlands_aid-35600259. Aufgerufen am 07.06.2022.

konservative Politik. Das schließt Lions ein wie auch die „Lappland-Freunde", den Kreis von Vaters Kriegskameraden aus dem hohen Norden. Als Freund des Hauses geht der Gründungsgeschäftsführer des Wirtschaftsrates der CDU, eingefleischter Erhard-Anhänger und Bewunderer unserer Mutter, ein und aus! Sie ist auch eine attraktive, immer sehr gut gekleidete Frau. Ihr Mode- und Stilbewusstsein färbt wohl auf mich ab, denn Outfit, Einrichten und Wohnen sind mir durchaus wichtig! Überhaupt spricht mich Ästhetik an. Kalenderblätter der Expressionisten zieren mein Jugendzimmer, denn Bravo-Poster habe ich ja nicht. Seit Jahrzehnten hängt der Friedenstanz von Picasso neben meinem Bett.

In der Freizeit gehe ich zunehmend eigene Wege. Mein Widerspruchs-Fisch wird aktiv. Meinen Ausgang deklariere ich wenig kreativ mit „Freundin besuchen" und „Arbeitsgruppe", was glatt durchgeht, denn die Eltern sind konzentriert im Büro beschäftigt. Eine befreundete, kinderlose und dabei sehr wohlhabende Bekannte der Familie wird zu meiner Sponsorin, deren generöse Zuwendungen mir – zusammen mit meinen überschaubaren Mark-Beiträgen aus Undercover-Nachhilfestunden – zu ausreichend Taschengeld für Klamotten und Abhängen in der Altstadt verhelfen. Da passiert inzwischen einiges unter der Decke, denn sonst würde es sofort verboten. Doch mich interessiert mehr. Der Vater einer Nachhilfeschülerin ist FDP-Mitglied und nimmt mich in politische Veranstaltungen mit. Ich lerne engagierte Liberale und Jungdemokraten (Judos) kennen und beteilige mich 1967 aus voller Überzeugung an Demos gegen den finalen Rettungsschuss. Vor allem fasziniert mich, wie hier Gleichaltrige ernsthaft diskutieren, wie sie sich mit ihrem Kernthema „Menschenrecht" auseinandersetzen und mutig Meinung bilden. Das akzeptieren auch ihre Alten, was mich anspricht. Der nächste Grundstein liegt.

Zwischenstopp: Mauer, Kuba-Krise, Kennedy-Mord

Bisher habe ich Politik und Wirtschaft durchaus neugierig in den Medien verfolgt. Dazu ein Sprung zurück:

- Der Mauerbau überrascht unsere Familie 1961 auf Juist: Ich sehe die Männer noch heute rund um meinen Vater in Badehose im Sand stehen, mit ernster Miene und Transistorradio am Ohr. Über Tage bemerke ich ihre tiefe Kriegssorge.
- So verfolge ich auch die Kuba-Krise, bis die Kennedy-Brüder sie gelöst haben und ich die Erleichterung der Eltern förmlich spüre.
- Dann trifft mich der Mord an John F. Kennedy tief: Stundenlang sitze ich vor dem Radio auf dem Wohnzimmerteppich, drehe zwischen Radiosendern hin und her und will es nicht glauben. Doch es ist wahr: Mein Idol ist tot!

- Nach der Konfirmation – mit meinen ersten Nylonstrümpfen und Stöckelschuhen![11] – werde ich Mitglied im Primanerkreis in der offen orientierten Gemeinde. Hier verwickelt uns ein „klasse" Pastor aufgeschlossen und ohne Tabus in kritische Diskussionen, auch zu Politik, Ökumene, Sex, Judenfrage und Umgang mit Minderheiten. Ich lerne dabei Diskussionsformen kennen, in denen wir Meinungsrollen tauschen, um uns so in die gegnerischen Einstellungen einfühlen und sie besser verstehen zu können. Mal bin ich pro, mal contra im selben Thema, was ich später oft selbst einsetzen werde. Doch zunächst finde ich hier ein weiteres Stück Bindung, was vielleicht der Grund dafür ist, weshalb ich nie aus der Kirche ausgetreten bin.
- Das Mittagsmagazin im WDR höre ich nach der Schule, die damals bereits gegen ein Uhr mittags aufhört – wir haben allerdings auch am Samstag Schule. Besonders gerne folge ich dem Moderator Klaus-Jürgen Haller, der Dinge zielgenau auf den Punkt bringt und dabei echt unterhaltsam ist. So verfolge ich das Gehen und Kommen der Unions-Bundeskanzler und die Umkehr zur großen Koalition,

---

[11] Zeitsprung: Gut fünfzig Jahre später gehe ich mit meinen Enkeln zur „Jugendweihe" – ja, die leben inzwischen in dem Deutschland, das wir in meiner Jugend noch als „Osten", „DDR" und „Sowjetisch besetzte Zone" verortet haben. Meine Mutter enträstet sich über den „sozialistischen Brauch" und verkündet empört: „Da schenke ich nichts!".
Das Ritual ist ähnlich, auch wenn die Gesellschaft und nicht die Kirche die jungen Erwachsenen aufnimmt. Es erscheint den Jungen und Mädchen wichtig zu sein, man macht sich fein, freut sich über das Fest und über wertvolle Geschenke. Bei meiner Konfirmation war das damals ein Tonbandgerät, ein großer Uher-Kasten, mit dem ich dann meine eigene Musik aus Radiosendungen mitschneiden konnte. Bei den Enkeln sind es Geldumschläge für Reisen.

die für unsere Eltern unfassbar ist. Dass vor allem Willy Brandt – bei uns heißt er konsequent „Herbert Frahm" mit seinem Vorkriegsnamen – dass er also in Amt und Würden kommt und „melodramatisch" die Aussöhnung mit Polen und „dem Russen" verfolgt, das können sie nicht verstehen. Zeiten ändern sich sichtbar: Die außerparlamentarische Opposition APO ist Realität und beschäftigt mich.

Kein Wunder, man zählt das Jahr 1968!

Mein Abi naht. Plötzlich macht mir Lernen Spaß, vor allem, weil ich mehr Zusammenhänge zwischen den Themen erkenne und weil wir spannende Literatur lesen. Gerhart Hauptmanns „Weber" erschüttern mich, Antoine de Saint-Exupéry fasziniert mich auch jenseits vom „Kleinen Prinz", Truman Capote fesselt mich und mehrfach lese ich sogar den „Fänger im Roggen" von J. D. Salinger. Jean-Paul Sartre, Simone de Beauvoir und Claude Lévi-Strauss bringen mir existenzialistisches und feministisches Denken sowie den Strukturalismus näher. Ich verstehe, wenn ich etwas anpacke, bekommt es eine neue Struktur: Das neue Ganze wird sowohl von seinen Elementen wie auch von meiner persönlichen Kraft geprägt, und das auch umgekehrt. Dabei ist Erkanntes mitnichten „wirklich & wahr", sondern nur das, was ich mir darunter vorstelle. Spannend! Schon damals fasziniert mich das und bleibt stabil bis heute, es legt den Samen für mein systemisches Verständnis im Zusammenleben und später im Führen. Und das Kino dieser Zeit? Durch die „West Side Story" heule ich mich mindestens drei Mal! Das Musical „Hair" packt mich live und auf der Leinwand mit seinen Blumenkindern und dem Zeitalter des Wassermanns, das Frieden verspricht.

Die Eltern, elegant und mit Ausstrahlung wie immer.

Obwohl mich Innenarchitektur und auch bildende Kunst interessieren, will ich dennoch eine andere Richtung einschlagen, um unsere
Gesellschaft besser zu verstehen. Vielleicht Journalismus? Oder
Ökonomie? – Von Wirtschaft habe ich ja schon etwas mitbekommen
im elterlichen Betrieb, in den Vorträgen im Industrie-Club, durch die
elterlichen Wirtschaftsfreunde und die jüngsten Politikbekannten,

was mich neugierig macht. Ich will studieren. Und ich will weg aus Düsseldorf. Weiter weg. Also an keine der Wochenendheimkehrer-Unis wie Köln oder Münster. Meine Chance tut sich im Februar 1968 auf der Beerdigung von Großvater Anton auf, als die obligatorische Frage einer Tante kommt: „Ursula, was willst Du denn nach dem Abitur machen?" Meine prompte Antwort: „Volkswirtschaft studieren in Freiburg!" Vater freut sich und seine Mutter, die Oma Elly, die ich inzwischen besser kenne, sekundiert: „Schön, da kann Dich ja unsere Freundin, Frau Dr. D., unter ihre Fittiche nehmen!" Check, erst mal gewonnen! Und Frau Dr. D. entpuppt sich zudem als eine ganz Patente! Nur unsere Mutter will mich mit viel Energie umstimmen. Sie bietet mir die eigene, nach persönlichen Wünschen eingerichtete Wohnung unten im Haus an und strapaziert die Vorzüge des Lehrerinnenberufs. Ja, sie appelliert, sie wolle mich doch gerne als Tochter um sich haben. Verständlich, denn die anderen in der Familie sind alles Männer und Jungs. Doch ich weiß: Ich tauge nicht zum klassisch-traditionellen Vorzeigemädel. Nix für mich. Anderer Fisch!

Doch erst liegt ein langer Sommer vor mir – mit Führerscheinerwerb sowie acht Wochen Praktikum in einer Bank. Freundin Claudia und ich machen uns anschließend für vier Wochen auf nach London und wieder nach Wales zu Meggy und ihrem Mann. Erfolgreich mischen wir die Dorffeste, Pubs und vor allem die Strände auf, begleitet von den Songs der Beatles. Der Hit der Stunde ist jedoch „Those Were the Days" von Mary Hopkin, der zu Meggys Leidwesen in Endlosschleife durchs Haus tönt. Schön war's. Wieder zurück zu Hause, steht ein nagelneuer hellblauer VW Käfer vor der Tür, dank der bereits erwähnten Sponsorin aus dem elterlichen Bekanntenkreis. Sie meint, dass ich nicht ohne eigenes Auto ins Studium ziehen könne, was die Eltern bei aller Freundschaft deutlich verstimmt. Aber schließlich machen sie doch gute Miene zum ungeliebten Spiel und übernehmen den Wagen mit den laufenden Kosten formal in ihre Buchhaltung, mit Ausnahme vom Benzin.

Schließlich kommt der Oktober, und die Ulla, wie ich unter Freunden inzwischen heiße, verlässt das Rheinland gen Süden. Wie sich zeigen wird, für immer.

Was bleibt?

Die Ulla: So heißt sie jetzt. Eine im Wohlstand aufgewachsene, weitgehend behütete, freundliche und bereits weltoffene Achtzehnjährige mit Denkvermögen, Verantwortung für ihre Brüder und erstem gesellschaftlichem Engagement. Als Älteste – dummerweise „nur" ein Mädchen – steht sie in der Familie oft isoliert oder in ihrer Überzeugung im Gegensatz zu den Eltern und sucht sich dann selbst einen Zeitvertreib oder macht was mit Freunden.

Wenn ihr etwas gar nicht passt, taucht sie ab, findet andere Wege und verfolgt diese beharrlich. Sie nimmt den Umbruch in der Gesellschaft wahr und saugt die typischen 68er-Strömungen auf, ohne ihren bürgerlichen Rahmen aufzugeben. Sie wird selbstständig.

Auf an die Dreisam

Eigenständig leben

Ich meistere sie gut, meine Allein-Langstrecken-Fahrt nach Freiburg, und treffe im neuen Domizil nette Mitbewohnerinnen an, nicht ohne mir eine Litanei von Verhaltensmaßregeln unserer Wirtin anzuhören, natürlich inklusive Verbot von Herrenbesuch. Na ja, das ist aktuell nicht mein Top-Thema, auch wenn diese Vorgabe wohl zeittypisch für Wohnungswirtinnen nervt.

Mit der Uni komme ich schnell klar, denke ich jedenfalls. Pustekuchen! Die ersten Klausuren landen satt im Teich, und ich sehe die Herausforderung „Studium" realistischer. Mit Erfolg: Nach drei Semestern habe ich mein Vordiplom in der Tasche. Selbst Mathe und Statistik funktionieren, nachdem ich mir den „Repetitor" leiste, der uns Studierenden den geforderten Stoff gegen Honorar einpaukt: Da lerne ich einfacher und schneller. Die geforderten Scheine habe ich jedenfalls in der Tasche.

Apropos „leisten". Ich leiste mir Ausgehen, Minirock und Maximantel, Restaurant statt Mensa wie auch Skilaufen im Schwarzwald und auf den Pisten von Adelboden. Also muss Geld her. Vom Wechsel der Eltern, wie der monatliche Unterhalt damals heißt, kann ich mir kaum den Sprit fürs Auto leisten. Letzteren brauche ich dann auch erstmal nicht, denn meinen Wagen zerlege ich auf einer winterlichen Fahrt nach Adelboden auf der spiegelglatten A5. Nur gut ein Jahr hat mein erster Käfer gelebt! Und mir vor seinem Totalschaden meinen Spitznamen verpasst:

- Auf der Rückfahrt aus einem Heimatwochenende mit offenbar fehlerhafter Auto-Inspektion leuchtet die Öllampe permanent, sodass ich an fast jeder Tankstelle Öl nachfülle, was ich – immer noch aufgeregt – sofort nach meiner Ankunft lauthals im Biergarten erzähle. Zur Unterscheidung von anderen Ullas im Freundeskreis bin ich jetzt „Ulla Ölspur", doof, aber eigentlich nicht schlimm.
- Meinen orangefarbenen Nachfolge-Käfer fährt zwei Jahre später ein Freund zu Bruch. Der darauffolgende dunkelblaue wird Freiburg mit mir überleben. Auch meine Folgeautos halten bis in hohe Motorenleistungen, denn bis heute bin ich Vielfahrerin, trotz aller Kraftstoffpreis-Steigerungen und inzwischen propagierten CO^2-Einsparungen.
- In Freiburg habe ich zudem ein kleines Motorrad, eine Honda Dax mit 50 Kubik, mit der ich flott durch Stadt, Land und Wälder düse.

Ab zweitem Semester ziehe ich in ein anonymeres Zimmer mitten in Freiburg. Abhängen ist bei Ulli, einem kommunikativen Mitstudierenden in seiner Wohnung mit zwei weiteren Jungens angesagt, wo immer was los ist. Eigentlich ist das eine „WG", nur heißt eine solche Wohngemeinschaft zu der Zeit noch nicht so. Dort tönt zeitgemäße Musik aus riesigen Lautsprecherboxen, vor allem erinnere ich mich an „House of the Rising Sun", an Jethro Tull und die Rolling Stones. Ich habe Fuß gefasst. Im Sommer 1969 fährt der Käfer, es ist noch der hellblaue, Freundin Claudia und mich für drei Monate nach Südfrankreich. In der internationalen jungen Gemeinschaft im Château de Fabrègues bei Montpellier leben, essen, feiern, diskutieren, singen wir und lernen Französisch mit einem guten Supérieur-Abschluss. Ganz unpolitisch ist es auch hier nicht: Junge spanische Männer sind unter den Studierenden, sowohl aus franquistischen als auch aus republikanischen Familien – welch ein Hass sich selbst hier in Frankreich zwischen ihren Fronten auftut! Die giften sich fauchend an, sobald sie sich über den Weg laufen. Für mich unfassbar mitten in Europa und fast 25 Jahre nach Kriegsende.[12]

Ulla und ihr erster Käfer vor der Rückfahrt aus Fabrègues.
Alles hat hineingepasst, Claudia auch.
Auch Teddy „Tetsch" ist dabei, Ursula ist ja übersetzt
die „kleine Bärin". Bis heute begleitet mich mein Maskottchen.

---

[12] Das Regime unter dem Diktator Francisco Franco in Spanien endet erst 1975 mit seinem Tod, auch wenn er 1969 gerade König Juan Carlos I. zu seinem Nachfolger bestimmt hat. Erst 1977 wählt Spanien in freien allgemeinen Wahlen ein Parlament – zum ersten Mal seit 1936. https://de.wikipedia.org/wiki/Francisco_Franco, aufgerufen an 13.07.2022.

Montpellier und dem Meer bei Sète bleibe ich viele lange Sommer treu, auch mit Bruder Roland und bald mit „meinem Freund". Andere fahren in diesen Jahren nach Griechenland oder gar nach Indien – ich bin halt die Frankophile, und das bis heute.

Jobben für das „Spaßbudget"

Das Projekt Geldbeschaffung führt mich in die Kneipenszene: Schon im Oktober 1968 jobbe ich in der „Tangente", einem angesagten Studentenclub-Club in Freiburg. Das gefällt mir: Den ganzen Abend in der Kneipe, in der auch meine neuen Freunde abhängen, und dabei noch gut verdienen. Vom Trinkgeld lebt es sich locker über die Woche hinweg, der abgerechnete Lohn fließt in größere Ausgaben, sodass ich mich unabhängig mache vom Geld der Eltern, das aufgrund erzieherischer Interventionen nervig unstet bei mir eintrifft.

In der Tangente jedenfalls bin ich gut und beliebt, ich verkaufe ganz ordentlich Vodka in Flaschen, denn man genießt Mixgetränke. Bald schon steige ich auf in den anerkannten und noch besser bezahlten Thekendienst. Mit Eröffnung der neuen Lokale „Parabel Café" und „Parabel Club" unter gleicher Leitung werde ich hierhin versetzt. Auch die Breisgauer Unterwelt tummelt sich hier und macht – teils handgreiflich – vermeintliche Rechte geltend. Die Türsteher winken diese „Herren" dann lieber widerstandslos durch und es dauert ein Jahr, bis unser Chef die Situation meistert. Tangente und Parabel gehören zu einem Münchener Unternehmen, das Erich Kaub und Roland Kuffler aus der Heidelberger „Tangente" heraus gegründet haben. Die Gruppe eröffnet weitere Lokale, wo ich in Planung, Baustellenbetreuung, Pre-Opening und Einarbeitung der Neuen mitwirke –

mit Besprechungen und Schwabing-Nächten in München und richtig guten Einblicken in dieses Business. Ein weiterer Grundstein ist gelegt. Doch wer blickt schon in die Zukunft? Abwarten! Denn diese beiden „Chef-Chefs" werde ich sogar mehrfach wiedertreffen.

Job Numero Zwei ist in der IT-Beratung. Gut bezahlt darf ich in der jungen Firma – heute wäre das ein Start-up – die Administration aufbauen. Bald fahre ich auch zu mittelständischen Maschinenfabriken im Oberwiesental im Schwarzwald und erfasse ihre interne Struktur, damit die Noch-Studenten und Schon-Unternehmer die passende Software konfigurieren können. Die heimische Büroerfahrung und mein Strukturdenken zahlen sich aus und Grundsteine mehren sich! Meine dritte Geldquelle ist der Mietwagenverleiher. Für ihn bringe ich Autos nach Mailand, die amerikanische Touristen dann über die Alpen zurück nach Good Old Germany kutschieren. Ich bleibe jedes Mal eine Woche in Monza bei Barbara und Carlo und fahre erst mit dem übernächsten Sammeltransporter des Verleihers zurück. Sieben Tage zum Reden mit Barbara über Familie und das Leben als solches! Italienisch kochen. Einkaufen. Und ein bisschen italienisch sprechen. Genial!

Der Mann kommt ins Bild

Privat bin ich inzwischen mit Heiner liiert, den ich im Skiurlaub in Verbier überraschend mögen gelernt habe, was die Ulli-Clique überhaupt nicht erstaunt. Komisch, die waren das doch, die mir Heiner als Mitfahrer empfohlen haben! Mit Hintergedanken?

Mit Heiner auf dem Balkon von Barbara und Carlo in Monza.
Wir fahren gerne hin.

Wir kommen uns schon näher, als wir unsere Futterpakete für die gemeinsamen vierzehn Tage im Chalet auspacken und wir uns Beide mit „Neuhäuser Würstchen" empfehlen. Bei mir gehören die Dosen zu den Schätzen aus dem monatlichen Carepaket der noch immer treuen Sponsorin aus Düsseldorf, die auch dieses Mal zuverlässig Vodka und Whisky Black Label eingepackt hat! Klar, kommen die gut an. Heiner bringt gleich ein ganzes Sortiment an Konserven mit, denn aus dieser Firma stammt er. Als ich dann noch auf der Piste und sogar im Tiefschnee eine Bella Figura mache, wohl auch nicht ganz hässlich aussehe und man sich mit mir unterhalten kann, funkt es – mit viel Hin und Her in den nächsten Monaten, denn so richtig binden wollen wir uns Beide lange nicht.

43

Letztlich zählen dann doch die Gemeinsamkeiten:

- Wir sind die Ältesten von vier bzw. fünf Geschwistern.
- Wir stammen aus Selbstständigen-Haushalten.
- Wir schätzen die Volkswirtschaftslehre.
- Wir hassen autoritäres Gehabe.
- Wir sind ehrgeizig, und
- wir setzen uns mit den Themen unserer Zeit auseinander.

Bis heute gerettete Andenken aus der C. & H. Thombansen.

Wir lesen Habermas, Adorno, Mitscherlich, Horkheimer, Marcuse ... Mich fesselt das Buch „Summerhill" über antiautoritäre Erziehung,[13] kein Wunder bei meinen Elternhaus-Erfahrungen und den Zeiteinflüssen. Inhalte diskutieren wir intensiv mit unserem Freund Lothar, „smoking funny things". Ganz bewusst formulieren wir unsere Werthaltung mit *Adorno* und *Habermas*:[14]

> *„Wir wollen ‚Denken und Handeln so ausrichten,*
> *dass Auschwitz sich nicht wiederhole,*
> *nichts Ähnliches geschehe.'*
> *Und das über Dialog und Reformen!"*
> *Nach Adorno und Habermas*

Wieder hochtrabend. Genauso meinen wir es.

Der Freundeskreis wächst, darunter viele Volkswirte ähnlicher Examensjahrgänge. Und alles Genießer: „Gerne gut essen" eint uns ganz irdisch. Heiner ist der anerkannt kulinarische Held des westfälischen Sauerbratens, den er von zu Hause mitbringt und für große Runden in Ullis Wohnung zubereitet. Wir fahren häufig ins Elsass und in den Kaiserstuhl, essen Spargel und Schäufele und trinken badischen Wein. Einmal im Monat besucht unsere „Futterrunde" ein angesagtes Lokal, z. B. den „Spielweg" im Obermünstertal, den ich immer noch liebe, oder den „Adler" im Glottertal. Das Budget dafür beträgt fünfzig Mark pro Kopf, was zu der Zeit eine Stange Geld ist.

---

[13] Alexander S. Neill: Theorie und Praxis der antiautoritären Erziehung. Das Beispiel Summerhill. 1969
[14] Siehe auch Stuart Jeffries: Grand Hotel Abgrund. 2016

„Wer nicht genießt, ist ungenießbar."
Konstantin Wecker

Am Sonntagabend sitzen wir regelmäßig am langen Tisch in der „Sonne" in Vörstetten, wo es unseren Jungs die drei hübschen Töchter im Service angetan haben. Das Essen ist auch hier immer hervorragend – damals wie heute.

La vie est belle!

Studium läuft eher nebenher. Nur bei Hausarbeiten und in Richtung Examen wird Lernen dichter, dann intensiv und wieder mit Repetitor und vor allem draußen: Mittags fahre ich in die Sonne auf den Schauinsland, wo ich mich mit Decke und Büchern als Fisch unter Bäumen einrichte, Theorien pauke und dazwischen immer wieder den Ausblick genieße. Ich glaube, dass ich nur deshalb den trockenen Stoff bis in die Prüfungen behalte. Der Hayeksche Einfluss einer liberalen Gesellschaftsordnung liegt mir.[15] Gerne beschäftige ich mich mit Finanzpolitik und Makroökonomie – auch mit Karl Marx.[16] Er fasziniert mich, ganz anders als die platte und schreierische Agitation

---

[15] Friedrich August von Hayek war vor meiner Zeit Professor der Wirtschaftswissenschaften in Freiburg und zählt zu den wichtigsten Denkern des Liberalismus im 20. Jahrhundert, insbesondere darüber, wie Preise Informationen übertragen und wirtschaftliches Tun steuern. Seine Erlebnisse im Ersten Weltkrieg zogen ihn in die Wirtschaftswissenschaften mit dem Wunsch, weitere Kriege zu vermeiden. https://de.wikipedia.org/wiki/Friedrich_August_von_Hayek. Aufgerufen am 07.06.2022

[16] Karl Marx war in erster Linie Philosoph, der fundamentale Probleme für die preußische Gesellschaft vorhersah, wie massenhafte Armut, staatliche Zensur, fehlende politische Partizipation der breiten Bevölkerungsmehrheit und Diskriminierung von Menschen, die sich nicht zum christlichen Glauben bekannten, all das ausgelöst durch die Kapitaleigentümer. Vor dem Hintergrund entwarf er sein Werk „Das Kapital". In Freiburg gehört es zum Studium der Wirtschaftstheorie. https://de.wikipedia.org/wiki/Karl_Marx, aufgerufen am 07.06.2022.

seiner Anhänger in den studentischen Veranstaltungen. Die sind mir zu sozialistisch-autoritär. Ja, ich gebe zu: Autoritäres ist mir zuwider. So bin ich politisch in meiner Freiburger Zeit kaum aktiv. Doch ich erlebe die Szenen in Berlin, Frankfurt, Paris, Berkeley über die Nachrichten bewusst mit, auch wenn ich feststelle, dass viele in meinem Umfeld sich bewusst vom Politisieren abgrenzen. Mich interessiert's.

- Als Wahlfach habe ich im Studium zunächst Jura gewählt. Die Einblicke ins Bürgerliche Gesetzbuch finde ich spannend. Noch mehr aber reizt mich die Soziologie mit ihren gesellschaftlichen Erklärungsansätzen, auf die ich im Hauptstudium als Nebenfach umsattle. Bis ins Examen ziehe ich Wertvolles daraus: Ich versuche, mithilfe von Gunnar Myrdal „Objektivität" in der soziologischen Forschung zu verstehen und auf Entscheidungen zu übertragen – zu jener Zeit glaube ich noch, dass es so etwas gibt, auch wenn ich diese Illusion irgendwann aufgeben werde, doch das dauert noch.[17]

- Ich tauche in Margaret Meads „Jugend und Sexualität in primitiven Gesellschaften" ein und begreife, dass Menschen auch ohne Patriarchat leben können, zumindest jenseits unserer Gesellschaft. Aber lässt sich das nicht so lockern, dass Mütter und Väter gleich stark wirken?[18]

- Und mich fesseln die Gedanken, wie sich neue Professionen bilden, anhand von „Berufe im Wandel" von Hans

---

[17] Gunnar Myrdal: Objektivität in der Sozialforschung. 1971.
[18] Margaret Mead: Jugend und Sexualität in primitiven Gesellschaften. 1970.

Albrecht Hesse. Auch damit werde ich noch zu tun haben.[19]

Ja, rückwärts blickend, ergibt das alles Sinn für meine berufliche Laufbahn. Aber dummerweise habe ich zu Hause meinen Wahlfachwechsel erwähnt und damit eine Lawine losgetreten. Soziologie statt Jura? Den Eltern ist jetzt sonnenklar: Ich bin ins sozialistisch-kommunistische Lager abgedriftet, was Drama-Diskussionen, Überwachung und Sanktionen lostritt!

Die Nachrichten rund um Bruder Roland beunruhigen mich. Mit seinen damals fünf Jahren hat er sich nach meinem Wegzug in sich zurückgezogen, zumal auch Bruder Hannswolfgang als Abitur-Sicherungsmaßnahme ins Internat geht. Zu Hause bei den Eltern verbleiben nun noch der Teenie Stefan und eben Roland, inzwischen in der Grundschule. Mit ihrem Altersunterschied sind sie nicht so eng miteinander. Der Nachkömmling lebt eher isoliert und sackt später in ungute Milieus ab. Die aus der Schule für ihn empfohlene psychologische Hilfe lehnen die Eltern kategorisch ab: „Unser Sohn ist doch nicht bekloppt!" In den Ferien hole ich Roland zu mir nach Freiburg oder nehme ihn mit in Urlaube. Und Heiner lernt, dass er mich nur mit Brüderlein im Doppelpack bekommt – bis heute. Gut so!

Paderborn winkt

Heiner legt ein super Diplom hin und bleibt zunächst als Doktorand

---

[19] Hans Albrecht Hesse: Berufe im Wandel. 1972

und Repetitor in Freiburg, wo er weitgehend in meinem Zweizimmerdomizil zu Hause ist, in dem ich inzwischen wohne: zeitgerecht eingerichtet mit Kiefernholz, wilden Gardinenmustern, orangen und gelben Plastiklampen, rostroten Kordbezügen auf dem Sofa, dem Kirschbaumtisch von zu Hause als Schreibtisch und mit Bastteppichen auf dem Boden! Zum Examen haben ihm seine Eltern einen gelb-schwarzen Opel Manta aus der ersten Serie geschenkt, ein scharfes Gefährt, dem ich bei Kilometer Fünftausend auf der Weihnachtsfahrt nach Adelboden den Motor auspuste. Stotternd den Berg hinunter in die Ausfahrt hinein! Was für ein Glück, dass die Opel-Werkstatt direkt dahinter liegt. Danach hält der Wagen gut durch, auch auf unserer wunderschönen Bayern-Jugoslawien-Italien-Reise, mit der wir im Sommer 1972 unsere Partnerschaft besiegeln.

Ja, da tut sich was. Seine Familie hat den Junior in die Heimat bzw. ins Familienunternehmen gerufen. Das braucht dringend frischen Wind und ökonomisch geschulten Geist. Bereits zwei Jahre zuvor habe ich Heiner zu meinem zwanzigsten Geburtstag zu mir nach Hause in die Eifel eingeladen, obwohl wir da erst gerade mal vier Wochen zusammen sind. Beim langen Spaziergang führen mein Vater und Heiner die Gästeschar plaudernd an, und Vater meint später: „Da war mir klar – der wird mein Schwiegersohn, die beiden passen." Das sollte wohl so sein. Jetzt gebe ich Gas beim Lernen und schreibe meine Diplomarbeit zum Erbschaftsteuervorschlag der Liberalen in ihren Freiburger Thesen.[20] Gut neun Monate später folge ich mit einem ansehnlichen Diplom in der Tasche nach Schloss Neuhaus, zu

---

[20] https://www.freiheit.org/de/focus/50-jahre-freiburger-thesen, aufgerufen am 07.06.2022

meiner Überraschung mit einer Zwei in der ungeliebten Betriebs-
wirtschaftslehre, was sich noch als Trumpf in der jetzt anstehenden
Bewerbungsphase herausstellen wird.

Parallel zum Studium hat Heiner in den Semesterferien bei seinem
Onkel in Niederntudorf seine Metzgerlehre mit Gesellenabschluss
gemacht. So bin ich bis zum Examen in freien Zeiten oft bei ihm zu
Hause. Auch da gibt es Drama:

- In seinem elterlichen Haus bekommt sein Vater eines Morgens mit, dass der Sohn mitnichten aus seinem Zimmer
  kommt, wie das vorgesehen war, sondern aus dem mir zu-
  gewiesenen Schlafzimmer. Das bereits unverheiratet?
  „Unter meinem Dach!" Desaster!

- Seine Schwestern legen mir nahe, das gastliche Haus besser vor dem Frühstück zu verlassen, was ich nur zu gerne
  tue.

- Ich besuche Heiner noch in seiner Arbeit, wo seine Oma
  mich auf dem Hof begrüßt und die Männer in der Metzger-
  bude benachrichtigt. Die zweiteilige grüne Klön-Tür öffnet sich erst oben, dann unten, ich höre ohrenbetäubendes
  Quietschen und Kreischen: Es ist Montag, und Montag ist
  Schlachttag!

- Eine Gestalt tritt heraus in Gummistiefeln mit ehemals
  weißer, jetzt über und über rot gesprenkelter Gummi-
  schürze. Sie will mich umarmen. Das ist zu viel – nix wie
  weg!

Heiner mit Manta. Oder ist das Jean-Paul Belmondo?

- Doch die Oma fasst mich resolut bei der Hand, führt mich in die Küche, nimmt sich den restlichen Stuten vom Sonntag vor die Brust, schneidet mit dem großen Sägemesser einen ordentlichen Kanten ab, schmiert dick Butter darauf und stellt das vor mich auf den blank geputzten Küchentisch. „Iss, Kind!" – Es schmeckt göttlich und hilft! Trotzdem schwöre ich: „NIE wieder komme ich zu Dir nach Hause!"

- Nun soll man ja nie „NIE" sagen. Neun Monate später trickst Heiner mich aus: Nach einer gemeinsamen Reise mit Paris-Abstecher bin ich auf der Rückfahrt eingeschlafen und wache erst vor seiner Haustür auf. Nun ja, jetzt bin ich halt da. Ich arrangiere mich: Wir bekommen ein Zimmer zusammen im Haus, denn für Heiners Eltern gilt: „Lieber hier als öffentlich im Ort!".

- Ich bin jetzt regelmäßig auch länger zu Besuch, ganz sicher zum Schützenfest. Vater Thombansen ist Oberst, Mutter Thombansen Zeremonienmeisterin. Viel findet bei ihnen im Haus statt und alles Weitere rund um das Residenzschloss mit „toller" Feierei in den Zelten und auf dem Schlossgelände.
Ich finde das gar nicht spießig – auch wenn mir der Leitspruch „Glaube, Sitte, Heimat" wenig liegt: Freunde und Verwandte, die woanders leben, sind angereist, man sieht sich wieder, wir feiern zusammen. Und ich liebe doch auch Karneval, Kirmes und später das Oktoberfest!

- Ich akzeptiere Paderborn mehr und mehr als mein zukünftiges Zuhause. Einiges gefällt mir, obwohl die Stadt damals noch wenig Moderne ausstrahlt. Zu konservativ, zu klerikal, zu klein.
Da zieht es mich hin und wieder nach Düsseldorf. Doch Heiners Freundeskreis stimmt. Ja, es wird ernst und Zeit, umzuziehen. Ich bestelle den Miet-LKW in Freiburg, den Heiner gefüllt gen Norden kutschiert, und folge mit dem dunkelblauen Käfer, den ich behalte.

Was bleibt.

Ulla mit Rückblick auf fünf wunderschöne Jahre im wunderschönen Freiburg und Schwarzwald: Mit Freiheit, Genuss, rauschenden Skiabfahrten, Mittelmeersommern,

Miteinander in den Cliquen – mal ernst, mal einfach nur so zum Spaß, mit selbst gewählten Freundschaften und vor allem mit der dauerhaften Bindung zu Heiner. Wichtig vor allem: „Ich habe mein Examen in ‚meinen' Studienfächern geschafft, inmitten der vielen, manchmal sogar ziemlich arroganten Kerle."

Gleichzeitig hat Ulla ihre intellektuelle Basis dem Zeitgeist entsprechend tiefer verankert: Aufklärung, Menschenrechte, soziale Chancengleichheit, Feminismus, nicht autoritäre Erziehung sowie Ökonomie samt Soziologie. Und das alles bitte ohne totalitäres Getue.

Und dann? Ulla bricht wieder auf! Als eingefleischte Rheinländerin nach Ostwestfalen? Ob das gutgeht, verraten die Sterne noch nicht.

An die Pader

Neue Heimat?

„Pader-Born", die Geburtsstätte der Pader. Sie ist der kürzeste Fluss Deutschlands. Mehr als zweihundert Quellen speisen sieben Quellarme unterhalb vom Dom, von wo aus das Wasser geruhsam durch die Paderauen mit ihrem Padersee fließt. Kurz vor dem Neuhäuser Barockschloss mündet es in die Lippe. Hinter dem Schlosspark kommt noch die Alme hinzu, die den Ort Schloss Neuhaus von der anderen Seite umrundet.

Kurz vor ihrer Mündung fließt ein Paderarm durch den Hof „Im Quinhagen" unter der Thombansen-Fleischwarenfabrik hindurch. Wasser für die Konservenproduktion zog man früher aus eigenen Brunnen, und als Umweltschutz noch keine geläufige Vokabel war, hieß es für manche Fehlproduktion „Rinn in die Pader!" und „Ab nach Lippstadt!". Auf der anderen Hofseite – im familiären Sprachgebrauch „hinten" – steht das große Wohn- und Gewerbehaus aus dem Jahr 1938, in dem Heiner mit seiner Familie lebt: Mutter, Vater, den Geschwistern Marianne, Ursula, Monika und Conrad sowie einer Köchin und zwei Hausmädchen für den großen Geschäftshaushalt, der mittags auch die Belegschaft verpflegt.

„Vorne" an der Schlossstraße wohnt die Familie von Heiners Onkel Conrad im dreihundert Jahre alten Fachwerkbau mit der wunderschönen Deele, sprich: der typischen zweistöckigen altwestfälischen Eingangshalle. Zwischen den Häusern liegen Fabrik und Hof.

Schloss Neuhaus, ein eigenständiger Ort? Das findet bald sein Ende. Paderborn verleibt sich die selbstbewusste Gemeinde ein samt Schloss, Stahlwerk und gewichtigem Schützenverein, was für die Heimatverbundenen so unverzeihlich ist, dass sie sogar dagegen klagen. Für mich als Neuankömmling zählt das wenig: Ich wohne jetzt in Paderborn, und damit basta. Das ist wenigstens eine Großstadt, wenn auch nur eine kleine.

Warum Schloß Neuhaus vor 40 Jahren gegen seine Eingemeindung klagte

Schloß Neuhaus und Sande: Vor 40 Jahren klagen die beiden Kommunen vor dem Verfassungsgericht NRW. Dafür legt der frühere Neuhäuser Amtsbürgermeister Bernhard extra 30.000 Mark zurück

30.12.2015 | Stand 29.12.2015, 18:24 Uhr

Die Neuhäuser wehrten sich vehement gegen die Eingemeindung und die Entscheidung des Landes, Ortsteil von Paderborn zu werden. Der damalige Neuhäuser Amtsbürgermeister Bernhard Hunstig hatte extra 30.000 Mark für eine Verfassungsklage gegen die Gemeindereform zurückgestellt. Im September 1975 - vor gut 40 Jahren - war es dann soweit. 34 ehemalige Ratsvertreter der früheren Gemeinden Schloß Neuhaus und Sande legten Verfassungsbeschwerde ein gegen Paragraf 21, Absatz 1, des Sauerland-Paderborn-Gesetzes. Die Klage wurde jedoch im September 1976 vom Verfassungsgericht NRW in Münster abgewiesen.

Ihre ablehnende Haltung hatten die beiden Gemeinden in einer Stellungnahme zum Neugliederungsvorschlag des nordrhein-westfälischen Innenministers deutlich formuliert. In der Zusammenfassung eines Schreibens vom 24. April 1974 werden Paderborn und Schloß Neuhaus als "zweipoliges Verflechtungsgebiet" dargestellt: "Eine Entwicklung der Stadt Paderborn in Richtung Schloß Neuhaus zeichnet sich nicht ab; sie ist schon aus naturräumlichen Gründen nicht möglich." Weiter heißt es: "Ein Siedlungszusammenhang ist nicht gegeben. Ein solcher ist auch für die Zukunft nicht zu erwarten, da naturgegebene Trennungsmomente und zusätzlich überörtliche Straßen einen kräftigen Trennungsstrich zwischen Paderborn und Schloß Neuhaus ziehen."

Die Neue Westfälische im Rückblick vierzig Jahre später.[21]

---

[21] Neue Westfälische, 30.12.2015. https://www.nw.de/lokal/kreis_paderborn/paderborn/20665912_Warum-Schloss-Neuhaus-vor-40-Jahren-gegen-seine-Eingemeindungklagte.html. Aufgerufen am 07.06.2022

Letztlich werden Paderborn und Schloss Neuhaus allen Unkenrufen zum Trotz über die Jahre zusammenwachsen, wenn auch kreisförmig außen um die „trennenden" Paderauen herum. Siedlungen und Büros kommen sich näher. Teile der Stadtverwaltung, der Riesen-Baumarkt, das neue Möbelhaus und unser Bundesliga-Fußballstadion werden schon 2020 bis in den Quinhagen reichen.

Huch, da kommt ein bisschen viel Familie und Arbeit auf mich zu, finde ich. Deshalb sage ich aktuell zwar „Ja!" zu Heiner, aber bitte nicht zu einer zu engen Bindung an Firma und Familie. Wir finden schnell eine Wohnung in Paderborn: Drei Zimmer, Küche, Bad, Garten, prima. Passt. Kurz zuvor ist Oma Trippe verstorben. Vaters Schwester, meine geliebte Patentante Ruthi, schustert mir aus dem Nachlass einiges an Möbeln und Ausstattung zu. Die Eltern steuern noch Küche, Sofa und Waschmaschine bei. Auch mein reich geschnitzter Schrank von Opa Anton und der Kirschbaumtisch aus dem elterlichen Haushalt, an dem ich bereits fürs Examen gelernt habe, zieren die neue Wohnung und begleiten uns langfristig.

Zunächst lerne ich auf der Verlobungsfeier Heiners umfangreiche Verwandtschaft kennen – bzw. umgekehrt die mich, denn das scheint das erklärte Ziel dieses Events zu sein. Im Juni 1973 heiraten Heiner und ich in Düsseldorf standesamtlich im engsten Kreis, sodass ich in der neuen Arbeit als Assistentin der Geschäftsleitung vom Start weg als Frau Thombansen auftrete. Meinen Mädchennamen „Trippe" habe ich im Studium auf Aushängen so oft mit angehängtem „r" verunstaltet gesehen, dass ich ihn gerne ablege.

Das Haus „vorne" mit Blick auf das Residenzschloss.
Hinter dem ersten vorspringenden Fenster liegt das „Kontor" der Firma.

Trautes Paar am Polterabend. Das war das schönste Fest!

Im September 1973 gibt es den großen Polterabend mit Firma und schon recht ansehnlichem Freundeskreis an den „Fischteichen". Eine Woche später folgt dann die festliche Hochzeit auf „Schloss Hugenpoet" in Kettwig, die mein Vater „comme il faut" arrangiert. Auch Kirche muss aus Elternsicht sein für Heiner, den Katholiken, und mich, die Protestantin. Das können wir ökumenisch veranstalten, nachdem der katholische Gemeindepfarrer mir klargemacht hat, dass Kinder natürlich in der „richtigen Religion" zu erziehen seien. Zukunftsmusik. Gegenwart? Die Eltern Thombansen sind wenig glücklich über die Trauungszeremonie – weil ich zwar meinen Lieblingspastor aus dem Primanerkreis habe, die katholische Fraktion hingegen „nur" den jungen Pater Raffael, der kaum Deutsch spricht – völlig unangemessen für den Neuhäuser Kirchadel.

Ein rauschendes Fest muss es gewesen sein, das sagen alle. Auch die Fotos demonstrieren es, doch Heiner und ich erinnern uns an fast gar nichts, weil wir uns intensiv mit der Bespaßung unserer Verwandtschaft beschäftigen. Das höre ich oft von Hochzeitspaaren. Viele Menschen, viel Programm! Zur Hochzeitsreise steigen wir am nächsten Tag in den Flieger nach Südspanien, mal wieder in ein wunderschönes Domizil eines väterlichen Geschäftsfreundes. Wir genießen Málaga, Marbella, Granada und Strand und werden wiederkommen.

Dann startet meine Arbeit in Paderborn. Klar, wer Kaffee kocht, ihn serviert, wer kopiert und für andere tippt: Natürlich die Ulla! Auch klar, wem das überhaupt nicht passt: Natürlich der Ulla! Doch es dauert – mal wieder – neun Monate, bis ich als Marketingfachfrau auf Augenhöhe akzeptiert bin. Gleichberechtigung?

Zwischenstopp: Frauenrechte

- Wir schreiben 1973. Da ist Gleichberechtigung noch wenig real, oder? Alice Schwarzer wird die Zeitschrift „Emma" erst 1977 herausgeben. Für mich später unverständlich, welchen Aufstand sie damit lostritt!
- Dabei ist der Stern schon im Juni 1971 mit dem aufsehenerregenden Abtreibungs-Titel erschienen, was als Geburtsstunde der Frauenbewegung gilt.
  Ich erinnere mich gut, welche Entrüstung mir entgegenschlägt, weil ich das gut finde.[22]

Die Fleischwarenfabrik aus der Luft, noch aktiv im Frühsommer 1975.
Links das lange Haus „hinten" aus dem Jahr 1938
– nach hinten hin mit Lager und Versandabteilung der Fabrik.
Zur Straße hin mit dem Wohnteil von Heiners Familie,

---

[22] https://www.youtube.com/watch?v=ITunXaoTHN4, aufgerufen am 07.06.2022

60

- Noch 1980 werde ich mit einer Freundin in die Niederlande fahren, wo sie abtreiben lässt, beraten und organisiert durch pro familia in Wilhelmshaven.

So erinnert sich *Alice Schwarzer* dreißig Jahre später an uns zahme deutsche Frauen: [23]

Ich lebte damals in Frankreich, wo ich als freie Korrespondentin arbeitete und in der Pariser Frauenbewegung aktiv war. Doch während in der ganzen westlichen Welt die Frauen auf die Barrikaden gingen, hielten die deutschen Gretchen still. So still, dass es selbst der Brigitte zu brav war. Die klagte im Frühling 1971: „Deutsche Frauen verbrennen keine Büstenhalter und Brautkleider, stürmen keine Schönheits-Konkurrenzen und emanzipationsfeindlichen Redaktionen, fordern nicht die Abschaffung der Ehe und verfassen keine Manifeste zur Vernichtung der Männer. Es gibt keine Hexen, keine Schwestern der Lilith, wie in Amerika, nicht einmal Dolle Minnas mit Witz wie in Holland, es gibt keine wütenden Pamphlete, keine kämpferische Zeitschrift. Es gibt keine Wut."

So brachial will ich das gar nicht angehen. Doch ich Frau habe eine Top-Ausbildung, leiste ordentlich was und möchte mich damit aktiv einbringen – für Respekt, Anerkennung und ein anständiges Gehalt!

---

[23] https://www.emma.de/artikel/wir-haben-abgetrieben-265457, aufgerufen am 07.06.2022

Inzwischen drehen sich unsere häuslichen Gespräche Abend für Abend um Wurst, Fleisch, Kredite, die als stur empfundenen Senioren in der Firma und neue Produkte für Supermarkt-Selbstbedienungstheken, die gerade boomen. Dann kann ich auch gleich da arbeiten. So wechsle ich in den Familienbetrieb, denn jetzt sind wir schon Zwei, die vieles anders anpacken wollen: mit einer Produktions- und Verpackungslinie für die neue SB-Aufschnittware in moderner Firmenaufmachung. Und mit der neu entwickelten Paderborner Landwurst, unserer Hausmacher Mettwurst nach altem Rezept, die nach Verkostungsaktionen bombig einschlägt. Nachts wandert Heiner in die Räucherkammer, um die Reifung der Wurst zu prüfen, und kommt mit Raucharoma zurück ins Bett. Lecker.

Wir gehen anders mit „Personal" um: Auf Augenhöhe, was im Wertebild unserer Senioren sowie mit den Meistern aus der Kriegsgeneration nur teilweise gelingt. Ganz langsam wachsen Vertrauensinseln unter den rund achtzig Männern und Frauen im Betrieb, vor allem bei den vielen Jugoslawen, die samt Familie auch auf dem Gelände wohnen. Später lerne ich durch den dortigen Krieg: Das sind Serben.

Mein Thema bleibt das Marketing, kurz darauf kommt das Personalwesen hinzu. Mit der Firma geht es deutlich aufwärts, sodass wir einen Neubau auf der „Weide", einem Gelände am Ortsrand im Besitz von Heiners Vater, ins Auge fassen. So ein Neubau muss sein, denn ohne dringend nötige Rationalisierungen sind Gewinne in dem verschachtelten Bauwerk über dem Wasser und im denkmalgeschützten Ortskern zum Scheitern verurteilt.

Jung emanzipiert & dauernd unterwegs

Privat lebe ich mich ein. Heiner und ich sind und bleiben Kneipengänger: Fast allabendlich zieht es uns in den „Uhlenspiegel", ins „Chez BB", in die „Schmiedehütte" und auch in die „Folkpinte" mit ihrer Livemusik, häufig aus Berlin importiert: Dann spielen der geniale Alexis Corner und auch Jesse Ballard mit Joe Kucera, die während ihrer Gigs immer bei uns wohnen.

„Der Mensch gehört ins Gasthaus!"
Heinrich Zille, gelesen im Gasthaus Zille in Düsseldorf-
Oberkassel

Sonntags etabliert sich eine Wanderung mit Freunden durch die Egge oder den nahen „Teuto" – mit anschließendem Essen bei uns: Dann brutzeln die Schweinefilets in der Pfanne, die unsere beiden Fleischereien am Samstag nicht verkauft haben. Und plötzlich die Erkenntnis: ich bin schwanger! Was für eine Überraschung, denn die Frauenärzte hatten uns das nicht in Aussicht gestellt! Freude!

Wir beschließen dann doch, in den Quinhagen zu ziehen, denn das Verhältnis zu den Schwiegereltern hat sich gut entwickelt. Insbesondere Mutter Lisa, die es hier als junge Schwiegertochter schwer hatte, will mir das Leben leicht machen, was ihr hervorragend gelingt.

Wir reisen gut und gerne, denn ich brauche doch hin und wieder einen Tapetenwechsel: Häufig ruft der Tegernsee, den ich seit Jahren liebe und dessen Berge meiner chronischen Bronchitis guttun. Hier wächst die Freundschaft zu Hofeigentümern, die wir immer wieder besuchen.

Frau Thombansen jr., die Ulla,
in der Wurstverkostung im Einkaufszentrum Südring.
Der ländlich anmutende Stand ist mein Marketingprodukt!
Die Wurst kommt super an, doch Mist: Nach sechs Stunden ist sie alle.
Nächste Woche: Neues Glück mit neu gereifter Ware!

Heiner und Ulla in ihrer Genussküche.
Heiner hat im Haushalt immer mit angepackt.
Dieser Ikea-Kücheneinbau wird uns später durch Niedersachsen und
wieder zurück begleiten.
Erst mit der Haussanierung 1994 spendieren wir uns die neue,
die nach wie vor unsere Wohnküche ziert,
wenn auch schon wieder um einige Geräte erneuert.

Auch nach Verbier und Seefeld zieht es uns mit Roland zum Skifahren. Vor allem Berlin ist immer eine Reise wert, seitdem wir durch einen Freund alternative, schwule Szenelokale und tolle Auftritte von Dragqueens erleben. So etwas gibt es in Paderborn nicht, zumindest nicht offen. Ich finde es einfach spannend und gleichzeitig noch emotional weit weg von mir.

Die Wochenenden verbringen wir häufig im „Häuschen" im Sauerland, das zur Familie gehört und über die Jahre meine neue Eifel wird. Zum Jahreswechsel 1975/ 76 macht Heiner mit einem Freund seine erste Fernreise durch Thailand, die ihn begeistert, von der er aber leider eine Virusinfektion mitbringt, die ihn sechs Monate lang außer Gefecht setzen wird. Zur gleichen Zeit bin ich mit einer Freundin und dem inzwischen geborenen Baby Christian auf Amrum, wo uns die Sturmflut „Capella" am 3. Januar überrascht und die Stromversorgung lahmlegt. Dabei brauche ich für Christians nahrhafte Fläschchenkost abgekochtes Wasser! Einige Friesenhäuser weiter finde ich die Lösung: Hier heizt und kocht „Tante Tine" auf Holz und deckt mich mehrmals täglich mit warmer Milch und Essen ein. Abends schleiche ich mit der Taschenlampe in der einen Hand und der anderen tastend an den Hecken entlang, denn ohne Straßenbeleuchtung ist es hier so tiefschwarz-dunkel, dass ich tatsächlich meine Hand nicht vor Augen sehe.

Heiner liest in thailändischer Ferne mit Sorge von der Katastrophe, doch er erreicht mich nicht – ja, die Vor-Handy-Zeit dauert an. Doch den Heimat-Posten habe ich aus einer funktionierenden Telefonzelle heraus beruhigt, und der wiederum gibt beim Anruf aus Asien Ent-

warnung. Uns passiert nichts, aber „Capella" hat heftig an den Strän-
den von Amrum und Sylt genagt.

Zu Hause lässt mich die Politik dann doch nicht los. Die Paderborner
urliberale FDP-Chefin nimmt mich unter ihre Fittiche, Heiner gleich
hinterher. Schnell werde ich Judo-Kreisvorsitzende, kandidiere für
den Kreistag, vertrete liberale Gedanken auf Podiumsdiskussionen
und wachse in einen neuen Freundeskreis hinein. Heiner wird in den
Stadtrat gewählt und flucht fortan, weil diese „Lehrergremien" immer nachmittags tagen, wenn bei ihm ja noch Arbeit anliegt.

Zwischenstopp: Paderborner Politik

- Zur Erinnerung: Wir befinden uns zu Rainer Barzels Zeiten, und in der konservativen Hochburg Paderborn bedeutet das eine harte Opposition für Liberale. Man sagt, hier
  könne man einen Besenstiel zur Wahl stellen, auch der be-
  käme die CDU-Mehrheit. Stimmt damals noch.
- Die Liberalen diskutieren zu der Zeit die Freiburger Thesen, die ich ja schon aus meiner Diplomarbeit kenne, und
  die Veröffentlichungen von Ralf Dahrendorf, den ich be-
  wundere. Etwas später folgen die Ideen von Karl-Hermann
  Flach.[24]
- Politisch-inhaltlich beschäftigen wir uns schon damals mit
  unserer Energie: Öl ist knapp, wenn auch noch nicht so
  teuer. 1973 gehen wir vier Samstage und Sonntage zu

---

[24] Ralf Dahrendorf: Die angewandte Aufklärung. 1970
Karl-Hermann Flach: Mehr Freiheit für mehr Menschen. 1979

Fuß, denn die autofreien Wochenenden fegen die Straßen frei. Ölkrise! Energiekrise! Kommt das wieder?

Es ändert und öffnet sich viel und macht Paderborn lebendiger und attraktiver:

- Die frisch gegründete „Gesamthochschule" legt den Grundstein für die mit zwanzigtausend Studierenden heute bedeutende Universität, die 2022 ihr 50jähriges Jubiläum feiern wird.
- Der deutsche Computerspezialist Nixdorf prosperiert. Mit ihm bekommen wir einen Flughafen samt endlos währendem Kampf für bessere Verkehrsanbindungen über A44 und Bahn, später folgen Umgehungsringe, A33 und immerfort das Thema Bahn.
- Damals gibt sich liberale Prominenz die Klinke in die Hand, um nur Gerhart Baum, Burkhard Hirsch und Werner Maihofer zu nennen. Sie setzen sich auch für den Wiederaufbau der historischen Pfalz von Kaiser Karl aus dem Jahr 777 neben dem Dom ein, heute flankierend zum Diözesanmuseum ein wertvoller Anziehungspunkt in der Stadt.[25]

Viel Freude machen mir Workshops der Judos auf Bezirksebene, wo

---

[25] Die Stadtentwicklung in Paderborn hält an: mit Rathaus-Passage, dem neuen Theater und „Neuen Platz" mit seiner Außen-Restauration, mit wachsender Universität, neu gestaltetem Domplatz, sanierter Westernstraße, dem Bahnhofsneubau, den neuen Königsplätzen, neuem Busbahnhof, viel Grün und Wasser drumherum, Wiederaufforstung im Paderquellgebiet nach dem verheerenden Tornado 2022 etc. So wird Paderborn deutlich attraktiver und ist eine der wenigen wachsenden Städte in Ostwestfalen.

ich mich in Diskursen wieder mit Autonomie, Mitwirkung, Radikaldemokratie, Emanzipation und Feminismus auseinandersetze. Das festigt Prinzipien, über die ich gerne mit Heiner und ausgewählten Freunden diskutiere.

Kind eins kommt, Firma geht

Der Sommer 1975 ist heiß, sehr heiß. Supermarktketten und Schwimmbäder bestellen Wurstkonserven en masse und aus der ganzen Republik. Manch ein Lkw, den unser Versand voll beladen hat, pausiert im Freien und es passiert:

- Dosen gehen tonnenweise als Bombagen hoch, offensichtlich nicht ausreichend konservierte Glasware verdirbt, was alles finanziell und oft auch physisch zu uns zurückkommt. Kleine Produktionsnachlässigkeiten rächen sich jetzt in der Hitzeperiode.
- Am 2. August 1975 rangiert ein Lastwagen nach dem anderen rückwärts in unseren Hof und öffnet seine Ladefläche. Alle helfen, laden Paletten mit retournierter Ware ab, werfen Gläser mit den verdorbenen Würstchen in bereitstehende Container, die gefüllt sofort abgefahren werden. Tränen fließen, nicht nur bei uns Frauen. Gestandene Fleischer streichen sich verstohlen mit dem Ärmel übers Gesicht, um Schweiß und Tränen abzutrocknen.
- Am Abend sitzen Heiner und ich bedrückt mit Freiburger Freunden auf unserer Terrasse. Sie versuchen zu trösten, doch Unglück bleibt Unglück und bewegt – mit Folgen: In der Nacht komme ich ins Krankenhaus, und am nächsten

Mittag ist unser Sonntagskind Christian auf der Welt, sechs Wochen früher als geplant und etwas untergewichtig. Doch er ist da – schön! Unser Erster!

Beruflich haben die massenhaften Retouren deutliche Konsequenzen, denn wir müssen sie ja auch finanziell gutschreiben: Wir halbieren die Firma. Machen aber weiter. Die Massenentlassung starte ich aus der Klinik, wo man mich mit Christian, der schnell Gewicht zulegt, noch behält und mein Arbeiten hier toleriert.

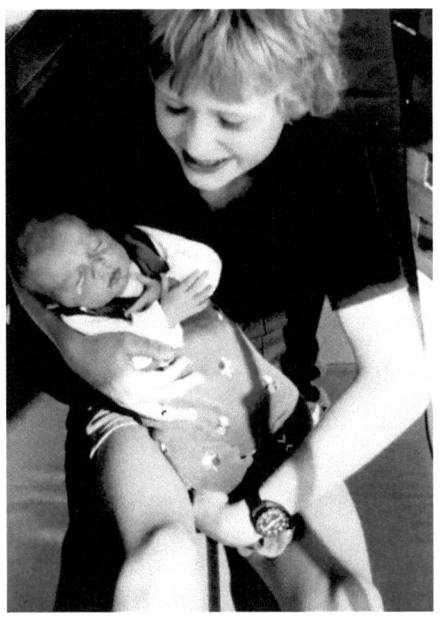

„Onkel Roland" mit dem frischen Neffen Christian.

Liquidität für ein betriebliches Überleben kommt erst mal aus dem Verkauf des „Gartens" im Quinhagen gegenüber, wo drei neue Häuser mit zukünftig netten Nachbarn entstehen werden. Auch wenn wir uns in unserer neuen Wohnung wohlfühlen, machen Heiner und ich bereits weiterführende Pläne, über die wir uns allerdings gegenüber Familie und Firma ausschweigen. Denn ein Betriebsneubau kommt nach diesen Verlusten nicht mehr infrage, zumal sich die Fleischwarenindustrie gerade massiv umstrukturiert und sogar moderne Mitbewerber in der westfälischen Fleischregion schließen müssen. Uns ist klar: In unserer alten mehrgeschossigen Betriebshütte im denkmalgeschützten Ortskern und über dem Wasser werden wir nicht bis in unser Alter beruflich überleben können. Deshalb setzen wir uns das Ziel: Bis zu Heiners vierzigstem Geburtstag in knapp zehn Jahren werden wir das Unternehmen aufgelöst und mit unserer guten Ausbildung Neues angepackt haben. So der Plan.

Doch wieder kommt es anders! Kaufmännisch wird die Situation immer enger, es fehlt einfach Geld. So schließen wir schon im Sommer 1976 unsere Tore. Mit dem befreundeten Arbeitsrechtler haben wir einen Plan ausgetüftelt, mit dem zum einen die Lieferanten ihr Geld bekommen und wir zum anderen einen Sozialplan für die noch knapp dreißig verbliebenen Arbeitskräfte auszahlen, damals nicht üblich und im Mittelstand heftig verpönt. Voraussetzung dafür ist ein Betriebsrat – welch Teufelszeug für die alten Herrschaften! Doch er wird gewählt und eingebunden. Natürlich merkt die bislang unwissende Belegschaft, dass irgendetwas im Gange ist, als unorthodox produziert und dabei alles an Fleisch, Gewürzen und Verpackung aufgebraucht wird, was ohne Zusatzaufwand in die Finger zu bekommen ist. Doch sie spielt mit, teilinformiert und beruhigt durch ihre Vertreter. An den letzten beiden Betriebstagen fahre ich das Ruhrgebiet mit Fahrer Heribert in einer Abschiedsrunde ab und verkaufe

71

unsere Lkw-Ladungen gegen bar an langjährige Kunden. Das füttert den Sozialplan. Auch diese Adieu-Tour ist reichlich emotional, sind Kundenbeziehungen doch vielfach Jahrzehnte lang gewachsen. Doch ich halte durch, muss als Junior-Chefin ja das Gesicht wahren. Dann heißt es schließlich „Ende im Gelände", wieder mit Tränen bei Mann und Frau und hadernden Thombansen-Senioren, die bis zum bitteren Ende durchhalten wollten und das auch von ihrem Ältesten Heiner und seiner Frau erwartet haben.

Heiners Vater Heinrich und Onkel Conrad erhalten Rente, Mutter Lisa und ihre Schwägerin Maria führen die Fleischereien noch einige Jahre weiter und verpachten sie später. Für diese Optionen konnten wir sorgen. Bankschulden begleichen wir über den Verkauf der Weide, auf deren Fläche heute ein Kaufland seine Sortimente anbietet. Noch immer steht dort Vaters alter Pferdestall, verrottet vor sich hin und erinnert an alte Zeiten.

Für uns wird die Luft in Schloss Neuhaus dünn: „So einen Traditionsbetrieb mit dreihundert Jahre alten Wurzeln macht man doch nicht einfach dicht", lautet der Tenor im Ort und schafft momentan kein gutes Klima an der Pader für uns Junioren. Zunächst verlängern wir unseren Amrum-Aufenthalt, wo ich die Haushälterin Anneliese mit unserem Sohn Christian schon den arbeitsreichen und Nerven aufreibenden Sommer lang untergebracht habe, damit sie „unter den Füßen weg sind". Freitags „schrubbe" ich mit dem verbliebenen Opel Caravan die Autobahnen hoch nach Dagebüll. Der fährt zwar schnell, riecht aber entsetzlich nach Fleischwarenfabrik. Kein Wunder, transportiert er doch auch mal gefrorenes Blutsplasma, wenn die

Produktion das dringend braucht, das allerdings auf der Fahrt antaut und im Fahrzeugboden versickert! Kühlkette? Nö, ist nachrangig! Also Nase zu, rauf auf die Fähre und in ein erholsames Wochenende mit Kind.

Neue Horizonte

Wir wollen erst mal Luft holen, denn das Navigieren durch diese Existenz-Stromschnellen hat uns ein gutes Jahr lang viel Kraft gekostet. Das war hart. Heiner und ich haben die Schließung recht isoliert ohne viel Austausch mit Dritten angepeilt, was vielleicht etwas entlastet hätte. Dabei ist er noch immer im Krankenhaus, vor dessen Toren ich ihn abends in unserer aktuellen Stammkneipe treffe, um dort persönlich abzustimmen, was zu tun ist. Im Minibüro des Wirts wenden wir Bestandslisten, Kontoauszüge und Bestellungen hin und her und entscheiden, was für mich am nächsten Tag ansteht.

Auf meinem Nachhauseweg entspanne ich mich meist bei einem Zwischenstopp in der „Folkpinte", um dann gefühlt bereits vor Tau und Tag wieder auf dem Firmenhof zu stehen, wenn Fleisch angeliefert wird. Das sichte ich mit Unterstützung von Zerlegemeister Karl und schicke manch qualitativ nicht einwandfreie Fuhre auf seinen Rat hin wieder zurück. „Das kannst Du doch mit den langjährigen Lieferanten nicht machen", tönt es dann aus dem Kontor. Doch, kann ich. Muss ich. Auch wenn ich verstehe, dass sich Heiners Vater und Onkel Sorgen machen, die Dinge anders anpacken würden und sich selbst als die legitime Vertretung ihres Sohnes sehen, was Heiner und ich mit Blick auf unsere Auflösungspläne aber anders handhaben. Geht nicht anders.

Und meine Eltern? Keine Hilfe! Weder als Unterstützung in der Kinderbetreuung noch materiell noch empathisch, ich gebe zu, das kränkt mich und braucht einige Zeit, bis die Narben verheilen. Später werde ich von dieser Zeit als meinem „Kriegserlebnis" sprechen, was natürlich angesichts echter Kriegssituationen völlig unangemessen ist, aber meine gefühlte Belastung spiegelt.

Das ist jetzt vorbei. Wir nehmen uns Zeit, diskutieren viel mit Freunden und planen neue Ziele. Heiner ist wieder gesund und einsatzhungrig. Als Diplom-Volkswirt und Metzgergeselle hat er einen beruflichen Doppelabschluss, der bessere Chancen auf eine Anstellung als bei mir verspricht, weswegen seine Karriere erst mal vorgeht. Als Abrundung bietet sich für ihn der Abschluss als „Fleischermeister" an, den er in Landshut in nur zwei Monaten machen kann. Gesagt, getan, also alle auf an den Tegernsee! Wir mieten uns – in den Ferien samt Roland – wieder bei den bayerischen Freunden ein, wandern viel durch Berg und Tal und erkunden die Wirtshäuser. Überhaupt genießen wir das Leben hier, während Heiner wochentags in Landshut paukt. In den kaufmännischen Fächern tut er sich als Volkswirt leicht und kann anderen helfen. Im Praktischen braucht er Nachhilfe vom Innungsmeister, samstagvormittags zusätzlich vom Metzger Walch in Kreuth. Alles läuft am Schnürchen. So findet Heiner bald als wirtschaftlich diplomierter Fleischermeister eine neue Stelle als Vertriebsleiter in einer Fleischwarenfabrik in Oldenburg (Oldenburg). Die Stadt empfängt uns bereits bei unserem ersten Kennenlernbesuch freundlich und wächst uns ans Herz.

Und bei mir? Wer will schon eine 27-jährige diplomierte Frau mit

Erfahrung und Führungsanspruch einstellen? Positiv denken! Da geht doch was. Die Liberalen haben mich noch von Paderborn aus zu einem Seminar ihrer Vorfeld-Organisation Friedrich-Naumann-Stiftung (FNS) eingeladen, mit dem Titel: „Management-Techniken in der Politik". Dankbar für etwas Ablenkung fahre ich in die Wochenend-Veranstaltung – und kehre begeistert mit neuer Perspektive zurück.

Unser Diplom-Metzger, noch mit Bart aus der Krankenhaus-Zeit!

Die Seminarreihe gehört zur Strategie vom damaligen Generalsekretär der Liberalen, Günter Verheugen, mit der er in der sozialliberalen Koalition bundesweit eine breite Basis von ehrenamtlich Mitstreitenden schaffen will. Sein Motto lautet: „Arbeit durch Laien? – Ja, aber bitte professionell statt laienhaft!" Hierfür sucht die Stiftung „Juniortrainer". Bingo! Da bin ich dabei! Die Bewerbung in der Bundeshauptstadt Bonn ist schnell absolviert, schon geht es in die Ausbildung. Und die ist vom Feinsten. Ich darf wieder lernen! Management ist mein Thema, wofür ich einiges aus dem Studium ausgraben kann: Ja, jetzt bin ich selbstständige Freiberuflerin mit eigener Steuernummer. Ja, ich wirke mit für mehr Mitwirkung in der Politik: Mein neuer Beruf! Gefällt mir, vor allem, weil der neue Job auch noch ortsungebunden ist! Wie genial beim anstehenden Umzug!

Was bleibt.

Ulla funktioniert und erfüllt tradierte Erwartungen mit Ehe und verantwortlicher Mitarbeit im Familienunternehmen, auch mit Kind. Kleine persönliche Freiheiten im Kneipen- und Musikleben und in liberaler Politik machen das erträglich, genau wie die Perspektivwechsel an Nordsee und in Bayern, am Meer, am See und auf Skipisten.

Den wirtschaftlichen Umbruch der Fleischwarenindustrie Mitte der 1970er Jahre erlebt sie mit Heiner hautnah und wirtschaftlich bedrohlich. Gehandicapt durch Heiners vorübergehende Krankheit, legt das Paar das traditionsreiche Familienunternehmen still, allerdings ohne das Einvernehmen der Senioren. Konsequent setzt es seine persönlichen Ziele um, ja, mit sozialen Komponenten, die das mittelständisch-konservative Unternehmertum in ihrer Umgebung kaum versteht.

Natürlich die ganz große Freude: Sohn Christian ist da! Und jetzt: Auf zu neuen Ufern. Neues Spiel, neues Glück!

Auf zu Hunte, Moor und Meer

Mitten in die Gartenlandschaft

Durch das Oldenburger Land fließt die Hunte – so lerne ich jetzt – und vom landschaftlich reizvollen Ammerland, wohin wir nun ziehen, ist es nicht weit zum Meer, was wir gründlich ausnutzen werden. Während Heiners Probezeit im neuen Job finden wir zunächst ein wunderschönes, voll möbliertes Haus mit großem Garten, dessen Besitzer, eine Professorenfamilie, für ein Auslandssemester nach Israel zieht. Heiners Vertrag wird unbefristet, und es folgt ein neues Zuhause im frisch sanierten, reetgedeckten „Scheuerhaus"[26] mit Riesengarten, wo wir glückliche Zeiten verleben. Einstieg gelungen!

In meiner Arbeit für die Liberalen habe ich schon entdeckt, dass Oldenburg mit dem Modellversuch „Liberaler Club" ein fortschrittliches Nest mit interessanten Veranstaltungsformaten ist. Hier nehmen mich der Clubleiter und sein Team mit offenen Armen auf. Man integriert „die Ulla" gleich in die Orts- und Kreisverbandsarbeit von FDP und Judos: Ich werde Judo-Kreisvorsitzende, Pressesprecherin im Bezirk und Delegierte zu verschiedenen Parteitagen. Schnell wächst ein großer und enger Freundeskreis. Und der aktuelle Supersommer lädt ein an Nordseestrände und Baggerseen, zu Gartenfesten und lauen Terrassenabenden. In unserem neuen Garten blüht und gedeiht es. Beeren- und Gemüseernten beschäftigen mich und verleiten mich zu Einmach-Aktionen. Kann ich auch. Ist ohnehin gerade „in", die Natur-, Latzhosen- und Birkenstock-Ära hat mich umarmt!

---

[26] In dem haben früher die Landarbeiter, also die „Scheuerleute", gewohnt.

Ich habe Clogs an den Füßen.

Wir lernen, was Nachbarschaft hier bedeutet, als die direkten Anwohner an unserem Einzugstag mit „Ammerländer Bohnensuppe" in der Tür stehen, was sich als Rosinen in Branntwein entpuppt. Heftig. Schmeckt. Eigentlich müssten wir das Gesöff ausgeben, was wir sofort zusichern und bei vielen weiteren Anlässen tun werden. Eine Reserveglas steht immer im Vorrat.

Parallel liebäugele ich mit einer Promotion in mitarbeiterbezogener Kommunikation. Doch die einschlägige Literatur kommt mir so ideologisch und unverständlich formuliert daher, dass ich aufgebe. In ein paar Jahren werde ich um diese Werke von Watzlawick, Luhmann & Co. nicht herumkommen, doch das Kapitel kommt später.[27]

Wir engagieren uns im studentischen Kindergarten, den wir gemeinsam mit anderen Eltern in Eigenregie sanieren, ausbauen und mitwirkend lenken! Hier verlebt Christian fröhliche und wertvolle Jahre in wenig autoritärem Rahmen. Ja, den Vorsatz haben wir schon mal umgesetzt. Wir leben wieder froh und unbeschwert und genießen unsere neue Freiheit. Heiner sagt heute: „Nie wieder bin ich mit so wenig Arbeit ausgekommen." Und bei mir? Seminarreisen wechseln sich mit Zuhause- und Familienzeiten ab. In unserer Freizeit genieße ich weitläufige Landschaften, Klönen mit Freunden, Osterfeuer,

---

[27] Das ist „Muss-Literatur" für alle, die in Sachen „Kommunikation" unterwegs sind, auch wenn sie beraten, trainieren und coachen wollen. Vor allem lehrt sie uns, dass wir „nicht nicht kommunizieren" können! – Paul Watzlawick: Wie wirklich ist die Wirklichkeit? Wahn, Täuschung, Verstehen, jetzt: 2021. Niklas Luhmann: Soziale Systeme: Grundriss einer allgemeinen Theorie, 1987.

Tanz in den Mai, Wanderungen, erholsame Trips an Nordseestrände nach anstrengenden Trainingseinsätzen, Fahrradfahren in hellen Sommernächten zum „Krug" im Nachbarort – so heißen hier die Kneipen.

Reisen bleibt wichtig – ans Meer und in den Schnee. Vor Heiners Jobstart im Mai wollen wir noch einmal „richtig in Urlaub fahren". Süditalien ist angesagt. Heiner fährt mit unserem kleinen orangefarbenen Peugeot los und will Frau und Sohn später in Rom vom Flughafen abholen. Pustekuchen, hallo Abenteuer!

Junge Familie im Garten vom ersten Haus im Ammerland.

- Denn er verpasst uns, weil Christian und ich bei dichtem Nebel auf einem Militär-Airport außerhalb landen, er jedoch informiert wird, wir seien in Deutschland gar nicht erst gestartet. Deshalb sucht er uns auch nicht.

- Nach einer Nacht mit Gepäckwagen, darauf der Koffer, darauf mein großer Schal und darauf der schlafende Dreijährige, versuche ich, telefonisch über den Heimatstandort, Cousine Barbara und eine bei der Lufthansa beschäftigte Freundin Spuren zu legen, bis auch die letzte Lira, die ich mir zusammengetauscht habe, im öffentlichen Münzsprecher verschwunden ist.

- Morgens schaffen wir es in ein Hotel in der Stadt mit einem durchgeknallten Taxifahrer, der durch immer noch dichten Nebel brettert und sogar auf der Autobahn wendet, nachdem er die Ausfahrt „Roma Centro" verpasst hat. Ich bin jetzt hundemüde, der strahlende Christian ausgeruht und fit! Sobald ich meinen neuen Standort an die Kontaktstellen durchgegeben habe, döse ich immer wieder ein, schrecke hoch, bespaße Christian und döse wieder ein.

- Ja, wie nur haben wir ohne Mobiltelefon überlebt? Irgendwann klingelt der Apparat auf dem Nachttisch: Heiner ist dran – die Lufthansa-Spur hat's gerichtet. Er löst uns aus unserer Herberge aus, wir genießen noch etwas Rom und anschließend dann Hotelurlaub im italienischen Stiefel in Tropea.

Das Scheuerhaus: Unsere Wohlfühloase im Ammerland–
mit Garten, Katzen, netten Nachbarn und super Freunden!

Im Schnee mit Roland.

Start als Freelancerin

Beruflich bin ich happy. Etwa einmal im Monat leite ich von Freitag-abend bis Sonntagmittag ein „M1" der FNS, das Basisseminar zu Managementtechniken im politischen Verband – dies grundsätzlich zusammen mit einem Kollegen oder einer Kollegin und einer Assistenz, die mit einem Kombifahrzeug voll Materialien aus Bonn anreist. Unser Trainingsinhalt: Wir wollen anders kommunizieren, weg von den etablierten Einbahnstraßen-Botschaften der Politiker hin zu einer aktiven Beteiligung der Menschen. Dafür wollen wir die politischen Ehrenamtlichen fit machen.

- Als Trainingsleitung sitzen uns um die zwanzig Aktive zwischen siebzehn und siebenundsiebzig Jahren gegenüber und präsentieren uns ihre Meinungs-Spannweite von traditionell-machtbewusst bis hin zu sozial-aufgeschlossen. Also nichts mit homogenen Teams – da lernen wir wirklich moderieren: hin zu strategischen Zielvereinbarungen und taktischen Zeit- und Maßnahmenplänen, gefüllt mit dialog-intensiven Methoden.

- Echte Konzeptionsarbeit, in jedem Seminar wieder neu, denn jeder Verband, den wir besuchen, ist anders und will etwas anderes.

- Methodisch praktizieren wir mitwirkungsstarke „Organisationsentwicklung" live. Das ist eine Anfang der 1970er geborene Management-Welt, die ich im Studium gerade noch miterlebt habe, die nach wie vor in den Kinderschuhen und die wir jetzt handwerklich solide aufbauen.[28]

„Organisationsentwicklung ist und
bleibt ein Handwerk,
also die Arbeit an Unikaten."
Intrinsify[29]

Doch halt: Partizipation hat Grenzen. In unserer Zunft verwerfen wir manche sich abzeichnende Teamlösung vor dem Zieleinlauf als falsch, inakzeptabel oder unzureichend, was Ärger bringt und heute in der Form gar nicht mehr ginge. Aber „hier & heute" müssen die Teams am Sonntagmorgen „das Richtige" präsentieren. Was das ist, darüber richten in dieser Ära wir Leiter und Leiterinnen in unserer Weisheit und Güte. Zum Abschluss pushen wir die Stimmung dann durch viel Lob und tolle Stories nach oben, um eine Top-Seminarbewertung zu bekommen und beim Auftraggeber abzuliefern. Da gibt es Könner unter uns, die eine so satte „Bergpredigt" hinlegen, dass es vor positiver Energie nur so sprüht. Ich gehör dazu.

Die intensive Trainingspraxis hat mir über die Jahre eine solide Ausbildung beschert, die späteren Herausforderungen standhalten wird.

---

[28] Darunter versteht man laut Gablers Wirtschaftslexikon: Die „Strategie des geplanten und systematischen Wandels, der durch die Beeinflussung der Organisationsstruktur, Unternehmenskultur und individuellem Verhalten zustande kommt, und zwar unter größtmöglicher Beteiligung der betroffenen Arbeitnehmer." – Wow! Hätte ich nicht besser zusammenfassen können. https://wirtschaftslexikon.gabler.de/definition/organisationsentwicklung-43924, aufgerufen am 07.06.2022

[29] Zitat der Woche in Mark's Monthly, 07.04.2022. Siehe auch https://intrinsify.de/news/, aufgerufen am 07.06.2022

Meine manchmal durchscheinende Dominanz wird aufgefangen, weil wir als zwei Gleichberechtigte in spontan wechselnden und sich dabei nahtlos ergänzenden Rollen vor den Gruppen stehen. „Two-Teach" eben, das klappt.

In der Zeit bin ich froh, selbstständig und für eine Non-Profit-Organisation zu arbeiten, erlebe ich doch bei Heiner und im Freundeskreis, wie weisungsdominant es in ihren Firmen zugeht. Dem Zeitgeist entsprechend wird das aus dem Militär stammende „Management by Delegation" praktiziert, wobei selbst Mini-Aufgaben eng gefasst per Anweisung an „Stelleninhaber" übertragen und in ihrer Erledigung genauso eng kontrolliert werden. Die Chefs, ja, meist sind es Männer, haben eindeutig das Sagen. Das könnte ich als Fisch nicht unwidersprochen hinnehmen.

Unsere Trainings finden überall in der Republik statt, sodass sich meine Reiseplanung aus der deutschen Randlage Oldenburg anspruchsvoll gestaltet. Die Top-Optionen lauten Zug via Osnabrück oder Flieger ab Bremen. Günstige Tarife buche ich pfiffig im Wechsel über zwei Wochenenden, was damals das preiswerte Mittel der Wahl ist. Zur Not bleibt das Auto als Restoption. Inzwischen bin ich ja auf Peugeots und dann auf Citroëns gekommen. Passt.

Allerdings offenbart sich in Sachen Reisen etwas Merkwürdiges: Die sonst so aufgeschlossenen Nachbarn zeigen sich befremdet, dass ich als Frau und Mutter „durch die Gegend fliege". Als berufstätige „Lehrerin vor Ort" wäre ich problemlos durchgegangen. Die aber will ich nicht sein. War ja schon länger klar. Auch unsere Familien verstehen nicht, warum ich wieder arbeite:

Das verstehen wir wiederum nicht. Hier gilt wohl zweierlei Maß, denn das Anpacken im Familienunternehmen in Paderborn war selbstverständlich, auch mit Baby. Ich arbeite weiter. Neben die Wochenende-Seminare, die mit Kinderbetreuung von Heiner und aus der Nachbarschaft gut funktionieren, treten Aufbautrainings. Die Wochen füllen sich mit Arbeit, in der sich verändernde Werte auch inhaltlich ankommen.

Zwischenstopp: Wertewandel

Ja, da prallen wohl Wertewelten aufeinander:

- Bei unseren jeweiligen Eltern gelten ihre Pflichtwerte weiter mit den „deutschen Tugenden" wie Pünktlichkeit, Fleiß, Fügsamkeit, Ausführungsgehorsam und Bewahren, wobei die Trippe's eher die industriellen Wirtschaftskonservativen sind und die Thombansen's stärker die christlich-kirchlich geprägten. Vielleicht liegt in dem Unterschied die Quelle, dass beide Seniorenseiten nie richtig warm miteinander werden.[30]
- Heiner und ich stellen als Babyboomer genau diese Werte infrage. Als mündige Bürger machen wir den Mund auf, bestimmen und gestalten mit. Gemeinsinn ist uns wichtig, was jetzt auch in Politik und Wirtschaft über Mitbestimmung, Tarifautonomie, zweiten Bildungsweg und das neue

---

[30] Siehe auch Ulla Thombansen: Teamgeist als Trumpf. 1993

kommunale Planungsrecht einfließt. Wertemäßig ist das eine Epoche von sozialem Chancenaufbau.

- Doch bei Chancen allein bleibt es nicht, was ich bedaure. Engpässe treten auf, die das individuelle Durchdrücken eigener Interessen befeuern. Energie- und Wirtschaftskrise, Terror und Numerus clausus für Studierwillige aktivieren Ellenbogen. Egos wachsen, man kämpft sich durch.

Für viele der jetzt jungen Erwachsenen ist „Selbstverwirklichung" ihr Mantra – hin zu Freizeit, Abwechslung und Spaß, was mit dem neuen Golf-Automobil einen Namensgeber für diese Generation der jungen Erwachsenen findet. Vehikel sind Reisen in andere Kulturen, die zweite Ausbildung für neue Karrieren, Berufswechsel oder verlassene und dann neu gewählte Partner: Ja, auch Scheidungsraten steigen. Mode und Marken erfüllen Bedürfnisse. Was nicht mehr passt, wird abgelegt. Man arbeitet, um im eigenen Trend zu leben statt umgekehrt.

- Blick nach vorn? Das setzt sich fort. Die „Selbstentfaltung" intensiviert sich über die Jahrtausendwende, indem wir uns immer lebendiger in Szene setzen und uns als Konsumenten neue Bühnen schaffen: Heute Sekt – morgen Selters, tagsüber Jeans und T-Shirt, abends Designerklamotten. Life-Styling!

Im Beruf fällt auf, dass die Jungen dauernd alles hinterfragen: „Warum?" So trudelt die Generation Y (sprich: Why?) zwischen persönlichem Sinn und sozialer Sicherheit durchs Leben, gefolgt von der Generation Z, die das noch ausgeprägter kann.

- Und nun? Die jetzt ganz Jungen, auch „Generation Alpha" genannt, sind so jung, dass sie den Terroranschlag 9/11 nicht bewusst erlebt haben. Sie sind digital transformiert und dabei alt genug, um Covid samt isoliertem Lernen voll mitzuerleben.

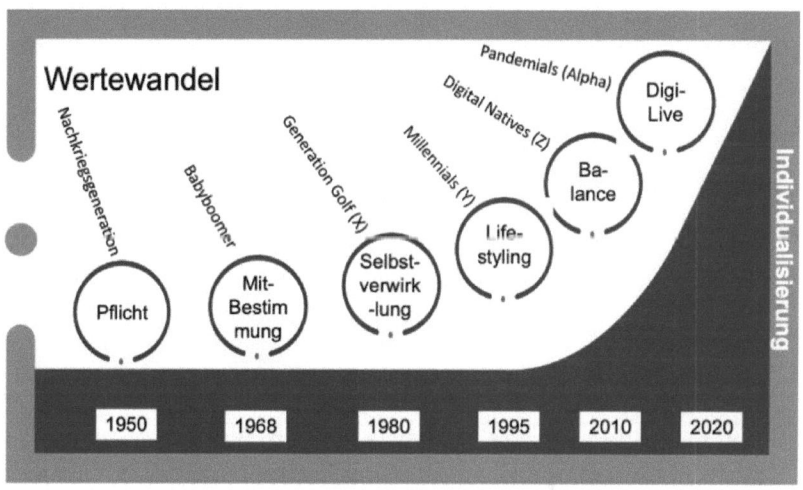

Abbildung Ulla Thombansen: Der Wertewandel im Zeitverlauf.

Hyper-aware, hyper-informiert und hyper-beweglich sind sie hyper-connected. Wenn sie etwas wissen wollen, soll das sofort digital oder persönlich greifbar sein. Aber all das macht nicht nur glücklich: Eine „collective anxiety" verdunkelt berufliche, finanzielle, klimatische und friedliche

87

Ausblicke.[31] Was da wohl als Nächstes kommt, zumal wir leistungsorientierten Boomer uns derzeit aus der Wirtschaft verabschieden und das Feld den eher freizeitorientierten Nachkommen überlassen? Wie werden unsere Enkel damit umgehen?[32] [33]

Soweit meine Tour durch sich bis heute stetig bewegende Denkstile, die mich auf meinem Weg begleiten und welche die jungen Erwachsenen in ihren Epochen besonders geprägt haben.

Liberal wird Beruf, Kind zwei kommt.

Halt, noch mal zurück! Noch stehe ich beruflich in den späten 1970ern im Übergang vom Schwerpunkt „Mitbestimmung" zur „Selbstverwirklichung" und erkenne: Struktur liegt mir!

Weitere zeitgemäße Inhalte? Mit dem Liberalen Club leiten wir Frauen- und Jugendseminare sowie Drogen-Workshops, denn es ist die Zeit von „Wir Kinder vom Bahnhof Zoo", und das benachbarte beschauliche Cloppenburg ist bundesweit ein Hotspot mit vielen

---

[31] https://globalyoungminds.com/downloads/How%20to%20engage%20pandemials.pdf, aufgerufen am 07.06.2022.
[32] Das Institut der Deutschen Wirtschaft (IW) bemängelt, dass die 2021 gewählte Bundesregierung nahezu nichts zum Thema Alterung der Gesellschaft in ihren Koalitionsvertrag aufgenommen hat: Sein Direktor Michael Hüther: „Die Zahl der Beschäftigten schrumpft von etwa 2025 an stark, während die Zahl der Ruheständler weiter wächst. Bis 2035 wird es laut IW rund fünf Millionen Menschen weniger im Erwerbsalter von 18 bis 67 Jahren geben. Die ökonomischen Folgen, so Hüther, seien gravierend, der Wohlstand gefährdet." https://www.sueddeutsche.de/wirtschaft/wohlstand-rente-babyboomer-1.5461490, aufgerufen am 07.06.2022.
[33] umx: Skepsis gegenüber Gen Z, FAZ 13.05.2023.

Drogentoten. Mein Trainings-Genre weitet sich. [34]

Auch Schreibtischarbeit liegt an. Ich baue Seminarunterlagen und Vorträge, was sich allerdings nicht als Zuckerschlecken herausstellt. Mein Auftraggeber korrigiert gelieferte Vorlagen gnadenlos und mehrfach in Korrekturschrift laut Duden. Diese Hieroglyphen habe ich seitdem drauf und wende sie zum Leidwesen meiner Teams später selbst an. Zur Erinnerung: Wir leben noch analog und Redigieren heißt hier schlicht: neu schreiben. Diese Korrekturschleifen nerven zwar, treiben mir aber meine intellektualisierte Sprache aus, die ich gefühlt doch eben erst an der Uni eingeübt habe. Neu gehäutet werden Texte journalistischer und lebendiger.

Viele Schreibsessions finden parallel zu Trainingseinsätzen im Hotel statt, wo der dominante Kunde das Sagen hat. Selbstbestimmte Arbeitseinteilung, Freizeit und inhaltliche Partizipation werden Mangelware. Nix für mich. Fisch Nummer Zwei stupst mich an und meint: mal wieder Rückzug? Ich setze die Zusammenarbeit mit dem Herrn aus und konzentriere mich voll auf mein Trainerinnendasein in dem sympathische Kollegenkreis, wobei wir inzwischen echte „Trainingsleitungen" und längst keine „Juniors" mehr sind. Freundschaften wachsen. Wir treffen uns regelmäßig in Klausuren, Meetings und Weiterbildungen, lernen zusammen, stellen gemeinsam Neues auf die Beine und genießen anschließend spätabendliche und gesellige

---

[34] Der Stern macht 1978 in der eindringlichen Bestseller-Biografie „Wir Kinder vom Bahnhof Zoo" die Situation drogenabhängiger Kinder und Jugendlicher in Berlin-Neukölln und an ihrem zentralen Treffpunkt Bahnhof Zoo publik. Ähnliches passiert auch in der Provinz. https://www.stern.de/lifestyle/leute/-wir-kinder-vom-bahnhof-zoo---christiane-f--und-der-stern-30356170.html, aufgerufen am 07.06.2022

Runden in Hotels und Bildungsstätten. Die gemeinsame Basis trägt.

Im Dezember 1978 begibt es sich auf einer Tagung am Rhein, dass Kollege Eduard mich merkwürdig anschaut und meint: „Du bist schwanger." Nun gucke ich irritiert aus der Wäsche und beschaffe mir eilig einen Test: „Stimmt!" Doch vor meine Heimreise lässt Petrus Schnee vom Himmel fallen, der sich rasch zu massiven weißen Bergen türmt: Verkehrswege sind gesperrt und ich kann nicht nach Hause, obwohl ich das doch genau jetzt und sofort will. Ich schlage mich zur Patentante in die Eifel durch, wo ich erst mal bleibe, bis die Züge wieder in den besonders betroffenen Unwetter-Norden fahren. Auch telefonisch geht drei Tage lang nichts. Ja, immer noch kein Handy! Das nervt, denn ich will meine Super-Nachricht loswerden und außerdem wissen, wie es zu Hause aussieht.

Endlich daheim angekommen, treffe ich meinen Heiner in der bis über die Dachkante zugeschneiten Kate an, für die er mühsam mit Nachbarn einen Zugang zur Tür freigeschaufelt hat. Gemeinsam hat man sich immer wieder gestärkt mit besagter „Bohnensuppe" und weiteren Schätzen aus Barschrank und Vorratskammer. Dann ging's weiter zum Räumen „in die nächste Kaschemm'", also zum nächsten Haus, wie ich überzeugend erfahre.

Jedenfalls reagiert er jetzt beglückt auf die frische Nachwuchsmeldung. Doch das dauert: Baby Julia ist mit seinen gut vier Kilo am 9.9.1979 an Bord, auch von Bruder Christian ungläubig und liebevoll umsorgt. Er ist gut vorbereitet, auch durch seine geliebte Erzieherin im Kindergarten – da heißt das noch nicht „Kita"! Nun braucht Kinderbetreuung eine neue Lösung, die wir rasch finden. Mit einem befreundeten Juristen setze ich aus gegebenem Anlass gerade das Recht durch, von mir in Auftragswerken verfasste Inhalte unter meinem Namen weiterzuentwickeln, als wir im Gespräch auf das Thema kommen. Er empfiehlt uns aus eigener Erfahrung irische Au-pair-Mädchen und liefert gleich den Agenturkontakt dazu. Und so wird Adrienne die Erste, die vom Dubliner Trinity College zu uns kommt und viel Irisches mitbringt: Frohsinn, Familiengeist, Musik sowie Essensvorlieben, die wir allerdings nur bedingt teilen. Eine super Entscheidung auch für sie, denn sie findet ihre Liebe im Ammerland, sodass wir zwei Jahre später ihre Hochzeit mit großer Gartenparty ausrichten! Auf sie folgt Grace – über die Ammerländer Zeit hinaus. Die Au-pairs bringen neue Musik ins Haus: U2, Deep Purple, Dire Straits und Supertramp tönen durch die Räume und drängen die „Müden weißen Tauben" von Hans Hartz und andere Liedermacher wie Hannes Wader, Konstantin Wecker und Herman van Veen zurück. Platz eins unserer Familien-Hitparade verteidigt jedoch unumstritten Bob Marley mit seinen Wailers.

Im Jahr 1979 schreibe ich mein erstes Buch „Neue Veranstaltungsformen", eine Auftragsarbeit für den liberal-Verlag über „Mitwirkungsstarke Kommunikation" – mit vielen konkreten Anwendungsbeispielen, die wir im sozialliberalen Bundestagswahlkampf 1980 contra Franz-Josef Strauß nutzen. Das lässt sich nicht mehr alles im Flur unter der Treppe texten, weswegen ich mich in die freiwerdende Lehrerwohnung in der alten Schule gegenüber einmiete: Ich habe ein richtiges Büro! Das zweite Buch „Liberale Öffentlichkeitsarbeit" wird 1982 folgen, auf das ich besonders stolz bin, denn es beschreibt das Konzeptionieren umfassend! Ein drittes über „Liberale Kommunikation" lege ich nach der politischen Wende satzfertig vor. Doch die Entscheider treten es in letzter Sekunde in die Tonne: Geld alle, schade! Wenn ich an die Manuskripte denke, sehe ich dicke Seiten, die sich durch immer wieder überklebte Korrekturpassagen zu Pappe aufgebläht haben. So läuft Textverarbeitung Anno 1980.

Ich werde „Indianerin", so heißen die Wahlkampfhelfer der FDP, und ich bin die einzige „HelferIN" im Land! Das ist zwar zunächst nicht mein Herzenswunsch, erweist sich dann aber doch als toll: Der junge und sympathische Landwirt Günther Bredehorn schafft es aus unserem Wahlkreis für die anstehende Bundestagswahl auf einen aussichtsreichen Listenplatz! „Frischer Wind vom Jadebusen!" heißt sein Slogan - gegen die auftretende Politikverdrossenheit. Die ist leider nicht vorbei. Mein Job? Abstimmungen mit oft eingebildeten Vorständen, Veranstaltungskoordination mit humorbefreiten Organisatoren, Interviewvorbereitung mit gehetzten Journalisten, Videotraining mit dem unerfahrenen Kandidaten für Fernsehauftritte, Plakatklebeaktionen mit Judo-Unterstützung, Prospekt- und Handzettelverteilung im riesigen Wahlkreis zwischen Vechta und Friesland – und das mit dem gebrauchten „VW Fridolin", den ich zur Verfügung habe. Hierbei öffne ich auf vielen Höfen nur ganz eben seine Schiebetür, um meine Sendung ruckzuck in den Briefkasten zu werfen, bevor ein wütender Hofhund mich packen kann. Operative Arbeit pur, sie macht mir bis heute Spaß. Ich organisiere gut und gerne und ergebnisbewusst.

Wir schaffen einen lebendigen und erfolgreichen Wahlkampf, mit dem wir Landwirte, Unternehmer, viele Frauen, junge Familien in

92

Stadt und Land, Protestanten im Norden und Katholiken im Süden – ja, viele Aufgeweckte mobilisieren und den frischen Wind lebendig verkörpern. Dazu kommunizieren wir bewusst übers Zuhören mit passenden Antworten statt mit abstrakten Versprechungen, mit vielen Hausbesuchen und geselligen Veranstaltungen, die das „Wir-Gefühl" stärken, so wie die Nachbarschaftsparty mit Ingrid Matthäus-Maier in unserem Garten – sie war damals noch FDP-Aktive –, oder diverse Skatturniere, die der Renner sind.

Job wächst ins Business

Noch 1979 geschieht es an einem bitterkalt-klaren Wintertag am Plöner See: Wir machen unseren obligatorischen Seminarspaziergang nach dem Mittagessen. Der Teilnehmer neben mir fragt mich: „Machen Sie sowas auch im Catering?" Sowas? Konfliktbewältigung im Team? Das steht hier nämlich gerade an. Schon höre ich mich spontan „Ja!" sagen, vielleicht auch, weil ich Catering mit Flugreisen in die Sonne verbinde und mir Gastronomie nicht fremd ist.

Die Krähen bringen Glück: Nur vierzehn Tage später unterschreibe ich den Beratungs- und Trainingsvertrag mit dem Caterer für eine Kantine bei der Post. Hier haben die Postler ihrem Mittagessen und dem Personal schlechte Noten ausgestellt. Es geht also um „volle Leistung für den Gast"! Und das mit Teams aus Köchen und Küchenfrauen, die ich aus ihren Befindlichkeiten und Konflikten herausholen soll, damit sie sich ihren Gästen zuwenden und sich tagtäglich engagiert diesem Ziel verschreiben. Ich bin beim Küchenpersonal gelandet, wie meine Mutter es mir einst vorausgesagt hat. Dieses „Personal" sind ein paar Männer und überwiegend gestandene Frauen, die oft wenig lernen konnten, sich mit ihren Familien durchkämpfen und deren oft nicht üppiger Lohn zu Hause dringend gebraucht wird. Dieser Menschenschlag wehrt sich, sobald er keinen Respekt erfährt, was manch ein Küchenchef als „Küchenbulle" gegenüber seinen „Untergebenen" gar nicht einsehen mag:

- „Die sollen parieren, nicht diskutieren."
- „Wer sich streitet, bekommt eine große Schöpfkelle in die Hand. Dann stecke ich die ins Kühlhaus und wer zuerst herauskommt, hat Recht!" O-Ton

Meine beiden Veröffentlichungen im Auftrag des liberal-Verlags.

„Frischer Wind vom Jadebusen!".
Wahlkampffoto von Landwirt Günther Bredehorn,
der es 1980 in den Bundestag schafft und dort bis 1998 wirkt.
Foto: Booklocker

So manches Mal erschrecke ich über den Küchenton, der vielfach noch autoritär und laut ist, was sich inzwischen weitgehend gebessert hat, dem Himmel sei Dank. Bei solchen Ausbrüchen werde auch ich autoritär und laut, um diesem Ton sofort einen Riegel vorzuschieben. Also geht es neben der Gästeorientierung nach außen von Anfang an um Führung, Teamgeist und gutes Klima!

Das Thema passt – und bleibt! – und ich starte meine zweite Karriere. Wir wollen angelernten Mitarbeitenden wie auch ihren Team- und Betriebsleitungen ihre umfassende Aufgabe näherbringen, aufbauend auf einem neuen Verständnis: „Ich bin Gastgeber. Nicht Küchenmaus." Statt matschige Kartoffeln und verkochtes Gemüse wie am Fließband auf Teller zu klatschen und Fleisch unter pampiger Soße zu begraben, können sie die wertvollen Lebensmittel schön fürs Auge anrichten. Sie können dabei jeden Gast ansehen und auf seine Wünsche reagieren. Sie können freundlich mit ihm sprechen. Ja, das können sie. Das werden sie tun, so wahr ich ihre Lernhelferin bin! Das ist mein Thema!

- Freundlich ausstrahlen? Das ist in den frühen 1980ern in der Servicewüste Deutschland alles andere als normal, wie ich fast täglich erlebe.

- Als Kundin, Gast und Reisetante mit bis zu hundertfünfzig Hotelübernachtungen im Jahr und entsprechend häufigen Restaurantbesuchen erfahre ich das laufend am eigenen Leib, wie wir wahrscheinlich alle beim Ausgehen – außer vielleicht beim Lieblingsitaliener?

- Das Gute daran? Es liefert mir viel Schaffensnachfrage, vor allem von größeren Unternehmen, die sich über ihre Servicequalität von der Konkurrenz abheben wollen und richtig in Training investieren. Kurzer Blick auf heute: Kommt die Servicewüste ab 2020 mit dem massiven Arbeitskräftemangel etwa zurück?

Erste Erlebnisberichte dazu schaffen es bereits 2022 in die Medien.[35]

- Damals finde ich in diesem „meinen Thema" erstmals Anregungen in der internationalen Fachliteratur.[36] „Kundenorientierung" scheint zu boomen. Reichhaltige Praxisfälle inspirieren und unterstreichen, dass das Thema relevant und nicht mehr nur „Ullas Lieblingsstory" ist! Da geht viel, ist aber (noch) nicht im Rollenverständnis derjenigen verankert, die Mahlzeiten über Theken hinweg auf Tabletts schieben. Nein, Kantinen-Crews sehen sich im Kern als Versorger: „Die Kollegen sollen doch froh sein, dass sie von uns so viel Essen für so wenig Geld bekommen." Sozialleistung. Satt machen. Nicht Bewirtung. Nicht Service. Nicht Wohlfühlen. Nicht Genuss. Dabei streben sie privat selbst nach „Selbstverwirklichung" und sind nach Feierabend oft Gäste, die sich maßlos darüber aufregen können, wie schlecht sie beim Ausgehen behandelt werden.

---

[35]Johannes Pennekamp: Servicewüste Deutschland. https://zeitung.faz.net/faz/wirtschaft/2022-08-06/48dc87871810bc710a92a712780d7267/?GEPC=s5, aufgerufen am 08.08.2022

[36] Eines der ersten ist: Jacques Horovitz: „Service entscheidet. Im Wettkampf um den Kunden". 1987. Heute hat sich das Thema über Kundenbegeisterung weiterentwickelt zu Customer Relation Management (CRM) und Customer Experience Excellence Service (CX), das ganze Bibliotheken bzw. endlose digitale Seiten füllt.
Aktuelles Beispiel Mario Pufahl: Sales Performance Management: Exzellenz im Vertrieb mit ganzheitlichen Steuerungskonzepten. 2018

Genau hier setzen wir mit unserer „Wunderfrage" an: „Würdet Ihr diesen Teller Eurer Lieblingstante anbieten?" Natürlich würden sie das nicht. Und sie beschreiben sehr genau, wie das für die Tante sein soll. Diese Erlebnisbeispiele übertragen wir gemeinsam in ihren Job, zum Beispiel:

- „Das sieht schön aus."
- „Die haben mir was richtig Gutes empfohlen!"
- „Die haben meinen Sonderwunsch erfüllt!"
- „Kann ich auch!"

Ein wichtiger Effekt: Sie merken, was ihnen ihr Denk-Schwenk persönlich bringt: Anerkennung, Freude, Stolz auf ihre angeblich so miese Arbeit, die jetzt etwas wert ist. Mit der sie freundliche Gesichter bei Gästen ernten und auch im Team besser zusammenhalten. Wieder mal geschafft! Ich freue mich über die nächsten Aufträge in Hamburger Fernküchen und „Mitarbeiterrestaurants", wie wir die Einrichtungen anstelle von „Kantinen" und „Betriebsrestaurants" bald nennen.

Das hätte so schön weitergehen können. Doch Heiner gefällt es nicht mehr in seinem Vertriebsleiter-Konservenjob. Er sucht und findet die nächste Stelle bei einem Fleischvermarkter in Hannover, mit dem er schon in Paderborn zusammengearbeitet hat. Also: Umzug, auch wenn mich die Landeshauptstadt so gar nicht reizt.

„Wat mutt, dat mutt", so stöhnt die Ulla

Allerdings passt der Zeitpunkt kurz vor Christians Einschulung und Julias Kindergartenstart sehr gut. Au-pair Grace kommt mit uns. Wir suchen und finden ein Haus, das uns gefällt, wieder mit Garten. „Auf geht's ins neue Heim!"

Was bleibt.

Ulla mit dem Gefühl von Freiheit! Nestwärme in Wohlfühlkreisen von Mitstreitenden. Freude, den richtigen Beruf zu haben und darin Respekt zu ernten und das in einer Einheit aus mitwirkungsstarker Form und liberalen Inhalten, ja im bewussten Umgang mit Werten. Dabei erlebte Sicherheit durch eingeübte Kompetenz. Vielfältig erlebter Erfolg in differenzierten Rollen und im schönen Gefühl, gemeinsam etwas zu schaffen.

Die Erfahrung, tradierte Vorurteile weglächeln zu können oder sich von ihren Verfechtern zu trennen. Ungelernte in ihrer Arbeit weiterzubringen sowie überhaupt: Der Schwenk in die Unternehmensberatung mit der Erfahrung: „Ich kann Nutzen stiften!"

Und natürlich Tochter Julia!

Weiter an Leine & Maschsee

Einleben in der Landeshauptstadt?

Das Haus richten wir schlicht und schön ein – inklusive Büro im Parterre. Schule und Kindergarten sind nahebei, das passt genauso wie „Deutsch für Ausländer" für Grace in der Volkshochschule. Für Christian suchen wir einen Teamsport, am liebsten Handball. Dort lernen wir neben seinem Trainer auch dessen Töchter Britta und Frauke kennen, die als Babysitter, Freundinnen von Grace und später Job-Aushilfen schnell dazugehören.

Einmal im Jahr rücken wir allesamt mit Luftmatratzen im Büro zusammen und vermieten unsere vier Schlafzimmer an Besucher der Hannover-Messe/Cebit, vor allem an Paderborner Nixdorf-Leute, denen es bei uns gefällt und die meist gleich fürs Folgejahr buchen. Abends vergnügt sich die Runde auf unserer Bauern-Deele. Hier betrauern wir 1986 tief getroffen den überraschenden Tod von Heinz Nixdorf mitten im Messegeschehen. Das leitet in Paderborn einen Umbruch ein, den wir jahrelang mit dem schmerzhaften Gesundschrumpfen der Unternehmensteile erleben werden. Das Headquarter in der Fürstenallee wird als HNF Heinz Nixdorf MuseumsForum das weltweit größte und „beste" Computermuseum werden. Die interaktiv präsentierte Sammlung wird 2022 ausgezeichnet werden, nachdem sie bereits ab Oktober 2021 ihr 25-jähriges Bestehen feiert.[37]

---

[37] https://www.hnf.de/besuch/allgemeine-informationen/jubilaeumsjahr-2021.html, aufgerufen am 07.06.2022

Komisch für uns Thombansen's: Wir stoßen auf
Unverständnis, dass wir unsere Wohnung „Fremden"
öffnen: Untermietern, Au-pair-Mädchen, zahlenden
Messegästen, Kollegen auf Besuch!
Doch für uns sind die nicht fremd,
sie ergänzen und inspirieren uns!
Kommt da meine rheinische Natur durch?

Das Haus in Hannover. Die vermeintliche Idylle verfliegt etwas,
wenn man die Plattenbauten auf der anderen Seite des Gartens sieht.
Ihre Bewohner sind uns wenig gut gesonnen:
Sie werfen schon mal Rasierklingen in unseren Sandkasten, der dicht am Zaun steht.
Vorsicht ist angesagt!

Zu den Liberalen finde ich in Stadt und Kreis keinen Draht, vor allem
nicht nach der politischen Wende 1982, mit der die FDP in die

konservative Partnerschaft geht und durch die ich zunächst viel politische Heimat verliere.[38] Da steht mir in diesen Jahren die Friedensbewegung näher, sodass ich zu Ostern mit Julia im Sportkarren und Christian an der Hand die Ostermarsch-Routen für den Frieden mitgehe.

Zwischenstopp: Friedensmärsche

- Was war da los? Laut NATO-Doppelbeschluss sollen Mittelstreckenraketen mit Atomsprengköpfen und Marschflugkörper nach Deutschland kommen, um – so die Befürworter – Lücken in der atomaren Abschreckung gegenüber der Sowjetunion zu schließen. Obwohl die Bevölkerung vor allem mit der Friedensbewegung protestiert, stimmt der Bundestag 1983 der Aufstellung zu, sie wird umgehend realisiert.[39]

- An die damaligen Ängste vor einem Atomkrieg muss ich oft denken, wenn ich die Klimaangst der Jungen erlebe, in deren Alter ich damals bin. Da sehe ich Parallelen in der tiefen Sorge um eine lebensfähige und sichere Zukunft. Und der vor allem in den 2000er Jahren populär werdende Umweltschutzgedanke ist ja nicht neu: Umweltschützer formieren sich schon damals, denn der Report vom Club of Rome liegt bereits vor und warnt unmissverständlich vor

---

[38] https://de.wikipedia.org/wiki/Wende_(Bundesrepublik_Deutschland), aufgerufen am 07.06.2022

[39] https://de.wikipedia.org/wiki/NATO-Doppelbeschluss, aufgerufen am 07.06.2022

dem Klimawandel.[40] Doch seine Fazits dringen noch nicht auf breiter Front durch.

- Aktuell: Mit dem russischen Einmarsch in die Ukraine im Februar 2022 katapultieren sich die Sorgen aus dieser Aufrüstungs-Ära wieder in mein Hirn. Ich habe spätestens seit dem Ostblockzusammenbruch 1989 auch an unsere friedliche Zukunft geglaubt, ganz feste! Wunschdenken? Naiv? Wahrscheinlich. Dabei wurde schon 1968 der Atomwaffensperrvertrag initiiert![41]

Arbeiten und gut leben

Freunde kommen in der Hannoverschen Epoche eher aus unserem jungen Hausstand und dem Arbeitsleben. Heiner ist beruflich viel weg, denn sein Chef hat erkannt, dass er weit weg von der Familie mehr und länger schafft, und versetzt ihn laufend für „Feuerwehr-jobs" in andere Städte, teilweise über Monate. Nicht nett. Wieder hinterhergehen? Nein, erst mal nicht! Auch Ausflüge gibt's weniger. Die Wälder im Harz sind uns ja noch weitgehend verschlossen, denn sie liegen auf DDR-Territorium. Dann locken eben Maschsee und Eilenriede. Mit Christian, dem „Schmecklecker", gehe ich gerne sein Lieblingsgericht Hummer essen, wenn das im Restaurant am Masch-see auf der Aktionskarte steht. Dabei unterhalten wir uns gut, und ich erfahre viel aus der Schule, auch über die ungerechte Lehrerin, die türkische Kinder benachteiligt, was ihn aufregt. Gut so.

---

[40] Die Grenzen des Wachstums. Bericht des Club of Rome zur Lage der Menschheit - Dennis L. Meadows. 1972

[41] https://de.wikipedia.org/wiki/Atomwaffensperrvertrag

Vor einem neuerlichen Stellenwechsel von Heiner pflegen wir 1983 unsere bevorzugte nomadische Reiseform: Wir zockeln langsam mit dem Auto nach Südspanien, wo wir ja schon in den Flitterwochen waren, und genießen etappenweise Kultur und Landschaft. Besonders Toledo gefällt uns. Grace kommt mit Christian und einer reisefiebrigen Julia im Flieger hinterher. Wir erleben unseren ersten Zelturlaub und finden ihn prima.

Wieder zuhause feiere ich meinen 33. Geburtstag ganz Nena-konform mit „33 Luftballons". Das wird gleichzeitig das Abschiedsfest für Grace, die ihrem Bruder nach Nizza folgt, um dort seinen Freund zu heiraten. Sie war fast drei Jahre bei uns, hat wie Britta und Frauke als Jobberin auch im Büro viel mitbekommen, was sie später beruflich als Catering-Managerin nutzen kann. Und sie ist uns ans Herz gewachsen, besonders der jetzt dreieinhalbjährigen Julia. Also beschließen wir: Im Sommer kommen wir alle nach Nizza, was der Beginn einer wunderbaren Routine wird. Das tun wir viele Jahre lang in vielen Zelt-Urlauben an der Côte d'Azur mit Britta, Frauke, Roland und später mit Christians Freund Guido. Zelten mögen wir, da bauen wir ganze Siedlungen mit Esstisch in der Mitte auf. Zelten sticht Hotelferien – meine Erfahrungen aus den beruflichen Hotelaufenthalten machen, verbunden mit meinem kritischen Anspruch, Urlaub in solchen Quartieren wenig erholsam für mich. Musikalisch unterhalten uns jetzt Jennifer Rush und Whitney Houston sowie die Eagles: Die vierjährige Julia nennt ihr Lieblingslied „Hotel California" „Alufolie" und fordert es auf allen Autofahrten in Dauerschleife ein. Somit ist jetzt eher das gefühlvolle Genre zum Mitsingen angesagt.

Die Freundschaft mit Grace hält. Ihre Nachfolgerin wird Ger, auch eine Super-Unterstützung und schnell mit Britta und Frauke befreundet. Später wird Christian seinen ersten Auslands-Sprachurlaub bei ihr in Dublin verbringen. Private Netze stehen.

Auch in Südfrankreich gibt es Familie, nämlich den Cousin Götz mit seiner Frau Elve, einer erfolgreichen Kölner Immobilienkauffrau, die wir gerne und oft in ihrem „möblierten Gebüsch" in Cap d'Ail besuchen, wie mein Vater solch „spartanische" Anwesen nennt, die eher einem Château gleichen. Besonders beeindruckend wird es, als Götz an seinem vierzigsten Geburtstag Heiner und mich mit dem Rolls-Royce direkt vom Zelt ganz oben am Hang vom Campingplatz abholt! In Seidenkleid und Stilettos schreite ich zum Wagen und ab geht es ins „Café de Paris" nach Monte Carlo. Zurück bringt uns der Fahrer wieder bis vor die Zelt-Tür. Wie posh war das denn?!

1983 auf der Spanienreise: Ausflug nach Tanger mit Grace.

Als Coaching-Profis angekommen

Zurück zur Arbeit: Wir sind eingeladen, unsere Qualifizierung von angelernten Menschen auf der Gastronomiemesse in Hamburg vorzustellen. Denn dass sich Weiterbildung für diese Mitarbeitergruppe lohnt, hat Neuigkeitswert. Wir präsentieren mit Bravour und zur Begeisterung der Verantwortlichen, allen voran von Chefredakteur Axel Bohl von der Branchenzeitschrift und seiner Kollegin Gretel Weiß, die uns all die Jahre begleiten wird, bis wir beide Seniorinnen sind. Die Beiden laden uns spontan zur abendlichen Gala mit Verleihung vom ersten „Hamburger Preis" ein. Das wird der begehrte, alljährlich vergebene Branchen-Oskar werden mit seinem parallelen Kongress, dem „Forum". Dem Branchen-Lernort bleiben wir treu.

Grace packt nach meinem Anruf zu Hause mein Abend-Outfit zusammen und kommt damit und mit den Kids im Zug nach Hamburg, wo wir in der weitläufigen Hotellounge erst einmal meinen Geburtstag feiern – wie noch so oft auf dieser Veranstaltung, die bis heute der Leuchtturm unseres Branchennetzwerkes ist. Abends die große Überraschung: Mein Tischherr ist „mein" Erich Kaub aus Freiburg, inzwischen Dr. Kaub mit seiner Promotion zum Thema „Systemgastronomie". Das ist jetzt der deutsche Fachbegriff für unsere gesamte Branche. Ja, Zufälle gibt es nicht, und man trifft sich immer mehrmals. Es wird ein rauschendes Fest im Zeichen des Super-Aufbruchs vom jetzt auch in Deutschland aufstrebenden „Fast Food", nämlich der neuen Profession, die sich in den Folgejahren erfolgreich etablieren wird. Zu solcher Professionalisierung habe ich im Studium doch was gelernt! Jetzt erlebe ich, wie Beziehungspflege, erfolgreiche Vorbilder im Business und neue Multiplikatoren die „Industry", wie die Amerikaner sagen, stärken. Heute ist die Branche als Profi-Gastronomie fest etabliert. Dieses „Foodservice" beraten und trainieren wir.

Da gibt es viel zu tun, aber allein? Nö. So tue ich mich mit den Kollegen Janusch und Rainer aus der politischen Stiftung in „partner: Unternehmensberater" zusammen. Rainer wird bald einen anderen Weg in festem Lohn und Brot einschlagen, da waren's nur noch Zwei. Jährlich feiern wir auf der Gastronomiemesse, dem begleitenden Kongress und den Abendveranstaltungen ausdauernd, bis wir früh morgens im „Blauen Satelliten", der damaligen Roof-Top-Bar im Hotel, bei „New York, New York" und „Major Tom" landen. Abtanzen können wir auch. – Besagte Branchenzeitschrift beauftragt uns mit einem Vortrag für den nächsten Kongress, was uns neue Aufträge bringt.

Wir wachsen in die Zusammenarbeit mit einem großen „Caterer" hinein, das ist einer der Marktführer, die als spezialisierte Profis Firmen unterstützen, die sich zunehmend auf ihr Kerngeschäft konzentrieren und Randaufgaben wie ihr Kantinengeschäft an Spezialisten „outsourcen". Unser Geschäftsführer und späterer Freund Klaus sucht genau unseren Ansatz und gibt ihm den Titel: „Lernen, ein wichtiger Teil unserer Arbeit", denn einen Ausbildungsberuf wird es dafür erst in einigen Jahren geben, weshalb die Mitarbeiterweiterbildung zunächst in eigener Regie laufen muss. In dem Geschäft sind wir die Profis und sollen das machen. Tun wir gerne! Wir beschreiben also verständlich, was die Teams rund um Freundlichkeit, Qualität und Organisation wissen und tun sollen, und bauen daraus überschaubare Wissenshäppchen. Vermitteln sollen dieses Wissen ihre „Vorgesetzten" – man glaubt es nicht: so heißen die oft heute noch, und „vor-gesetzt" verstehen sie sich denn auch gegenüber ihren „Unter-Gebenen". Hierarchien lassen sich einfach schlecht ausrotten!

Zeitgerecht wollen auch wir 1983 „die Treppe von oben kehren" und glauben noch, dass die Bosse mit ihrer Autorität Neues glaubwürdiger vermitteln können als wir Berater, die wir ja von außen ins Haus schneien und bald wieder verschwinden: Ein solches „Management by Helicopter" bringt nichts, so sind wir überzeugt.

- Wir liefern also die Instrumente und bringen den Betriebsleitungen die Anwendung in „Train the Trainer"-Seminaren   bei.

Mit Dr. Erich Kaub (links) und Freund Axel Bohl vom Deutschen Fachverlag (rechts) auf der Gala. Foto: Deutscher Fachverlag.

Mit „partner:" Janusch – also Klaus Januschewski –
auf einer der nächsten Hamburger Preis-Galas.
Das rauschende Fest geht bis früh in den kommenden Morgen hinein,
als „Ulla" (typisch ich) für die „Übriggebliebenen" Kaffee organisiert und
dabei im Hotel im Abendkleid schon auf die ersten Frühstücker trifft.
Foto: Deutscher Fachverlag.

Vorher schauen wir zig Betriebe in den Regionen vom Gastraum bis in die Lagerräume an, erleben durchaus ausbaufähige Qualität, führen unzählige Gespräche, atmen regional ausgeprägte Kultur ein und stricken dann das Konzept.

Wir wollen verstehen, was ist, bevor wir tun.

Fast 40 Jahre später auf dem Foodservice-Forum 2022 in Hamburg: Ulla mit „Branchen-
mutter", Mentorin, und Freundin Gretel Weiß,
Herausgeberin der Branchenzeitschriften.
Ihr O-Ton: Wir gehören einfach zur selben Kohorte, zu den Babyboomern.
Foto: Thomas Fedra.

Unterschiede zwischen Betrieben, ja, auch zwischen Regionen erkennen wir deutlich und antworten darauf. Das entspricht auch dem aktuellen Bestseller, den ich damals verschlinge. Sein Kerninstrument ist „Management by Walking Around", also rein in die Produktion und persönlich mit den Menschen sprechen, die dort schaffen.[42] Denn wer Stoff wirksam vermitteln will, MUSS die anvertrauten Menschen UNTERSTÜTZEN WOLLEN! Das gilt bis heute. Doch seinerzeit herrscht noch die Kette „Anweisung-Beobachtung-Kontrolle" vor, in der Führung mit klarer Kante den starken Boss oder die fürsorgliche Matriarchin mimt, erkennbar auf erhöhtem Podest stehend. So funktioniert das aber nicht, Verändern von menschlichem Verhalten funktioniert nur per Vorbild mit menschlichem Respekt l – ein Mordsbrocken an Arbeit. Nicht alle Betriebsleitungen gehen hier mit, lenkt es sie doch von ihrer „eigentlichen Arbeit" ab, dem Planen, Einkaufen, Lenken und Abrechnen. Meinen sie.

„Geben Sie Ihren Mitarbeitern Arbeit, bei der sie ihre Fähigkeiten voll ausschöpfen müssen. Geben Sie ihnen alle notwendigen Informationen. Erläutern Sie ihnen klipp und klar, was es zu erreichen gilt. Und dann – lassen Sie sie in Ruhe."
Robert Waterman

---

[42] Thomas J. Peters, Robert H. Waterman: Auf der Suche nach Spitzenleistungen. Was man von den bestgeführten US-Unternehmen lernen kann. 1983. - Später stellt sich heraus, dass die meisten langfristig von der Bildfläche verschwunden sind. Da fehlten wohl doch noch weitere Erfolgsfaktoren.

In Ruhe lassen? – Geht gar nicht. Mikro-Management zählt. Für viele Betriebsleitungen, die sich als Küchenmeister endlich vom Kochkessel befreit haben, zählt die „Sache", also die Arbeit im Büro, mehr als der Mensch. Auch wenn das niemand offen zugeben wird. Ihre Kleidung zeigt es: „Chef-Zivil" mit Hemd, Krawatte und Jackett. Die Kochjacke ist abgelegt. Nun, wir wünschen uns diese „unsere Trainees" oft näher an denen dran, die in ihrer Küche handfest anpacken sollen. Verschärfend wirkt, dass die meisten mit gefestigten Rollen vierzig Jahre und älter sind und sich meist nur ändern, wenn es ihnen erkennbar nutzt. So heißt unsere Aufgabe wieder mal:

Wir bringen Mensch und Sache zusammen!

Als Weiterbildner bilden wir uns selbstverständlich selbst weiter. Vor allem, wie wir die Menschen, mit denen wir arbeiten, besser verstehen und einen Draht zu ihnen herstellen können, auch wenn sie anders ticken als wir. Das fesselt mich bis heute. In diesem unseren Business fühlen wir uns wohl & sicher und liefern unseren Kunden Wertschöpfung. Das fühlt sich gut an und bleibt zunächst so. Wir probieren neu auftauchende oder nur neu benannte Methoden, verwerfen vieles wieder und übersetzen anderes in deutsche Allgemeinsprache, wenn es uns schlüssig erscheint, denn unsere Kunden verstehen und mögen kein Berater-Kauderwelsch.

Mit „partner:" werden wir ein „richtiges Unternehmen", und das an gleich zwei Standorten: einmal bei mir in Hannover und dann bei Janusch in Nürnberg. Unser interner Anspruch ist eindeutig:

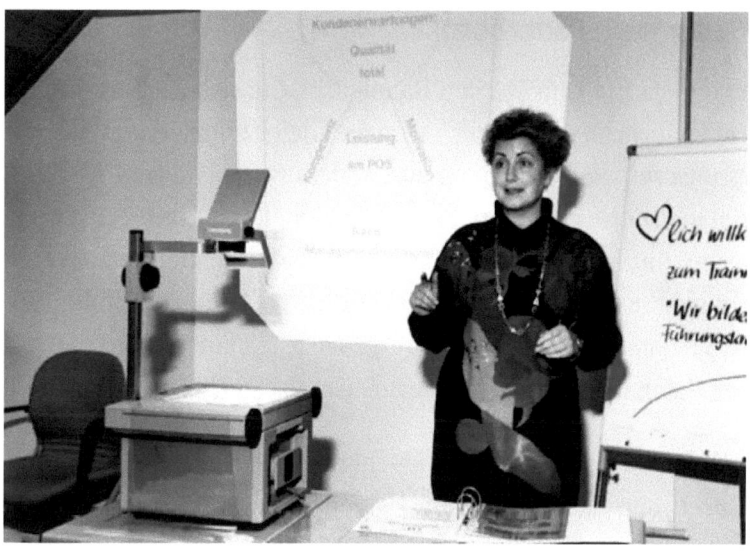

Ulla in Aktion: Mit dem Flipchart, der sauberen Moderatorenschrift, dem unvermeidlichen Overheadprojektor und einem Ordner voller Folien.

„Wir wollen alle Unterlagen im Norden und im fast fünfhundert Kilometer entfernten Süden zeitnah identisch griffbereit haben, einfach, zuverlässig und effizient. Also müssen Computer her. Was für ein Umbruch! Wir werden früh digital, zunächst mit der TA Triumpf Adler-Technik. Papier verbannen wir bereits um 1983 herum weitgehend aus unseren Büros. Allabendlich gehen Datenträger vom einen zum anderen Office in die Post oder zu UPS – digitale Übertragung geht noch nicht. Unsere Kosten für Telekommunikation, Vervielfältigung und Versand sind und bleiben exorbitant, auch weil wir stetig auf die nächste IT-Lösung wechseln, die unsere Kunden bereits anwenden. Wir faxen viel, telefonieren dauernd und vervielfältigen gefühlt ununterbrochen Papier. Wie war noch mal der Anspruch? Papierlos? Zum Kunden hin noch lange nicht!

113

Wieder nach Paderborn!

In Heiners Eckhaus werden Räume frei, die sich als Büro für „partner: Unternehmensberater" eignen. Gleichzeitig ziehen die Mieter aus unserer alten Wohnung aus, sodass wir auch privat wieder Obdach in Paderborn finden. Passt. Wir ziehen also zurück und wohnen hier zukünftig im ersten Wohnsitz und das bis heute, egal, wo Heiner gerade arbeiten wird, auch wenn er die Woche über nach Frankfurt, ins Saarland, nach Aschaffenburg, nach Hannover oder manchmal nach Polen fährt. Am Wochenende ist er ja zu Hause.

Auch Schulisches gibt den Ausschlag für diesen Umzug: In Niedersachsen müsste Christian im Folgejahr in die Orientierungsstufe, doch wir ziehen das benachbarte Gymnasium in Schloss Neuhaus vor. Julia kommt in die Schule, allerdings zuvor noch ein paar Monate in den Kindergarten, der ihr auf den Keks geht, weil sie korrekt und fehlerfrei Formen ausmalen muss. Passt nicht in ihr Persönlichkeitsprofil. Also, zurück nach Paderborn!

Was bleibt.

Ulla als Coach, entwicklungsfreudig & in ihrer Branche verankert, wobei sich persönliche Freundschaften und Feste wie Belohnungen anfühlen. Professionalisierung mit dem Geschäftspartner im beruflich eher entwicklungsresistenten Umfeld. Lernhelferin für Menschen in Teams, die für ihre Gäste da sind. Mit Methodik, welche die Beiden aus liberaler Arbeit ins geschäftliche Umfeld übertragen und ausbauen, was passt.

Schlossstraße. Hierhin ziehen wir mit unserem Büro ins Parterre.

Büroeinweihung in der Schlossstraße mit
Christian, Ulla, Julia und Janusch, alle auf dem Schreibtisch von Opa Trippe.

Familie zählt. Leben passiert in einem Haushalt, der sich gerne für Freunde und Bekannte öffnet. Lustgewinn bringen Reisen, gerne immer wieder ans Meer. Wieder ein Neuanfang.

Zurück an die Pader

Lebendige Familie, lebendige Firma

Paderborn nimmt uns nach zehn Jahren Auszeit herzlich auf, sowohl Heiners Eltern als auch die alten Freundeskreise. Christian bekommt seinen Stammplatz im Handball, auch die Schule funktioniert samt Übergang ins Gymnasium auf dem Schlossgelände. Julia geht zum Voltigieren und später zum Handball, vor allem durch die Freunde vom Bruder angezogen: Jungens scheinen doch interessanter zu sein als die Mädels im Reitstall! Mich beruhigt, dass Beide gut untergebracht sind, und so reise ich weitgehend unbeschwert.

Doch das mit den Au-pairs zieht leider nicht mehr, weil einerseits der Sprachunterricht nicht richtig passt und andererseits die jungen Frauen, die mittlerweile kommen, deutlich freizeitbezogener als ihre Vorgängerinnen ticken. Zwischen der ersten im Ammerland und der jetzigen hier liegen ja auch zwei Wertegenerationen! Die englische Disco im Ortskern reizt mit britischen Soldaten, die ja in der benachbarten Senne stationiert sind, was nach durchgefeierten Nächten die pünktliche Kinderversorgung in der Früh erschwert. Zudem steht uns die Military Police ins Haus und verhängt Kneipen-Hausverbot für Irinnen, denn wir befinden uns in der Zeit der Anschläge auf britische Militärgelände, die Iren angelastet werden. Da will die Army vorsorgen.

Wir brechen den Einsatz ab. Inzwischen halten wir unsere Kinder für verantwortlich genug, dass sie im doch noch überschaubaren Paderborn recht selbstständig leben können. „Wenn die Blödsinn bauen, werden wir das rechtzeitig erfahren", glauben wir. Es geht ja auch gut. Die Mobiltelefone, die es jetzt endlich gibt und die allerdings noch echt große „Knochen" sind, erlauben erfolgreichen Familienkontakt auf Entfernung. Aber zwei Anrufe bringen mein Adrenalin ganz schön in Aufruhr:

- Das erste Mal: Christian erreicht mich verängstigt klingend auf der Autobahn: „Ulla, Guido und ich haben eine Streichholz-Domino-Straße gebaut. Mit Stichflamme. Jetzt sind meine Haare abgebrannt." Ich fahre mit Warnblinker rechts ran auf den Standstreifen, stelle ein paar Fragen, rufe Schwägerin und Kinderärztin Marianne an, die sofort kommt, und halte zitternd die telefonische Standleitung zum unverletzten Freund Guido aufrecht. Marianne gibt Entwarnung: Außer, dass ein paar Haare und Wimpern weg sind, sei nichts passiert. Die werden nachwachsen.

  Puh! Durchatmen, einmal ums Auto herum gehen, weiterfahren. Sicher am Seminarort ankommen. Arbeit starten.

- Und das zweite Mal? Da hilft das Handy nicht, sondern die Rezeptionistin ruft mich im Hotel aus dem Seminarraum: „Ihre Tochter ist am Telefon und will Sie dringend sprechen." Mein Puls steigt, denn Julia weiß, dass ich nicht erreichbar sein möchte, wenn ich nicht ans Handy gehe. Was ist denn jetzt bloß Schlimmes passiert? Ich renne zum Empfang, nehme das Gespräch an und höre meiner lieben Tochter zu: „Ulla, ich wollte Dir nur sagen, ich gehe nicht mehr zum Klavier. Der Lehrer ist doof." Das Herz sackt mir in die Hose. Dieses Kind! Für den Schreck möchte ich sie schütteln. Doch bis ich nach Hause komme, ist der Zorn weg. Ich werde zwar noch mit dem Klavierlehrer sprechen, doch Klavier ist Geschichte.

Am heimischen Herd mit der großen Tafel in der Wohnküche sorge ich für einen täglich attraktiven Mittagstisch, auch wenn ich selbst unterwegs bin. Der Hit wird die chinesische Küche, authentisch und abwechslungsreich auf den Tisch gebracht von Frau Ei Ping, der Frau eines Doktoranden an der Uni, die sich bei uns beworben hat. Obwohl unser wachsendes Firmen-Team und Freunde der Kinder mitessen, bleibt das Volumen für das Haushaltsgeld deutlich unter dem der deutschen Haushälterinnen, mit denen wir die Versorgung vorher versucht haben und die bei uns gescheitert sind, dies vor allem aufgrund ihrer tradierten Erziehungsversuche an unseren Kindern! Nun passt das trotz kleinerer Fleischportionen, ganz einfach eigentlich: Die Stimmung stimmt!

So erfolgreich ich in der Erwachsenenbildung sein mag, so wenig eigne ich mich als Lernhelferin für meine Kinder. Diverse Versuche bringen nur Zoff. Deshalb ziehen Christian und Julia nach dem Essen mit ihren Schulsachen zu den etwas älteren Nachbarskindern Hanno und Jule gegenüber, denen wir über die Jahre hinweg die ansehnlichen Noten verdanken, die unsere Beiden nach Hause bringen. Nervig finde ich Elternsprechtage, vor denen ich mich nicht immer drücken kann. Allerdings nehme ich das jeweilige Kind mit in die Besprechungen, damit es die Rückmeldungen direkt und ohne „Stille Post" mitbekommt, also ohne meine selektive Nacherzählung. Das sieht manch ein Lehrkörper anders – andere Werte. Man reagiert verstimmt, in einem Fall verweigert sich die Lehrerin sogar dem Austausch, und wir brechen das Gespräch ab. Unseren Kindern ist das erst mal entsetzlich peinlich. Doch dann meint Christian, er erlebe jetzt sehr viel mehr Aufmerksamkeit von einer Lehrerin, die ihn viel häufiger anspreche. Wie auch andere Pädagogen, die das engagiert tun und unsere Beiden durch eine gute Schulzeit begleiten.

Das jährliche Top-Event ist unsere generationsübergreifende Pasta-Party zu Sommerferienbeginn, zu der jedes Familienmitglied zehn Personen einladen darf. Hilfe, das werden ja immer mehr! Ein tolles Format, immer spannend mit leckerem Essen, viel Unterhaltung, Abtanzen, Spaß und neuen Erkenntnissen zu Musikgeschmack und Entwicklung der Youngster, insbesondere im Umgang mit dem anderen Geschlecht!

Gereist wird weiter, und zwar wochenendweise ins Sauerland, viel nach Bayern und an den französischen Atlantik. Hier muss ich den Genuss der von mir geliebten Krustentiere aufgeben, weil ich mir vorher an der Nordsee eine Krabbenvergiftung zugezogen habe, die sich mein Körper gemerkt hat. Die nach erneutem Konsum konsultierte Ärztin erkennt das hier an der Küste, wo sie die Symptome wohl öfters sieht, und streicht mir kurzerhand Krebse, Krabben, Hummer und Co. lebenslang von der Speisekarte.

Ostern geht es in diesen Jahren ins Sauerland – mit Dackel Bauz, unserem Leihhund immer dann, wenn meine Eltern in Montegrotto Terme sind.

- Bei einer Wanderung fetzt sich Bauz mit dem Auerhahn, der hier frisch ausgesetzt ist! Ja, mit einem Auerhahn, wie er bei „Opapa" ausgestopft im Zimmer steht, geschossen in Österreich! Die gibt es jetzt auch bei uns auf dem Berg.

- Wir haben die Kontrahenten schließlich nach Art des spanischen Stierkampfs mit Heiners roter Windjacke trennen und so den Hahn ablenken und Bauz wegziehen können.
- Doch läuft das nach Plan? Auerhahn packt Jacke und verschleppt sie. Mist. Später gibt es Entwarnung: Das Teil liegt verlassen am Wegesrand, wiedergefunden!

Beruflich wachsen wir mit den Ansprüchen unserer Kunden, die es immer systematischer haben wollen. Klar, denn damit vermeiden sie Einarbeitungs-und Lenkungsaufwand und sparen Kosten. Also standardisieren wir, was das Zeug hält. Schriftliche und bebilderte Vorgaben kommen direkt bis an den Arbeitsplatz wie beim Branchenvorbild McDonald's, das seine Ziele schon lange systematisch nach der „QSSF-Formel „verfolgt, was bei uns für die Standards rund um „Qualität", „Sicherheit", „Sauberkeit" und „Freundlichkeit" steht.

Zwischenstopp: Konservativer Back-Slash

Ja, da sind wir nun in den späten 1980ern. Ich gehe auf die Fünfzig zu. Was macht unser Drumherum?[43]

- Helmut Kohl regiert mit der schwarz-gelben Koalition. Der amerikanische Präsident heißt Ronald Reagan, die britische Premierministerin Margaret Thatcher. Eine konservative Ära, in der die deutsche Wirtschaft bei hohen Ar-

---

[43] https://de.wikipedia.org/wiki/1980er, aufgerufen am 07.06.2022

beitslosenzahlen von bis zu neun Prozent auf reichlich Arbeitskräfte zurückgreifen kann. Bindungsanstrengungen und Arbeitgeber-Branding sind noch lange nicht akut. Das wird erst im neuen Jahrtausend anders.

- Gesellschaftlich haben sich Sozialpartnerschaft und Mitbestimmung etabliert, die Grünen setzen sich als vierte Partei in den Parlamenten fest, was die Liberalen nie glauben wollten. Wertetechnisch sind wir in der Generation Golf und ihrer Selbstverwirklichungswelle angekommen: Jetzt schafft die beste Abi-Note den Uni-Zugang und die beste Chefbeurteilung bringt die Beförderung im Job. Ellenbogen schlagen Teamgeist.

Auf dem alljährlichen Osterspaziergang auf der Hunau,
unserem Hausberg im Sauerland, mit Hund Bauz und beiden Kindern.

Ulla on the Job: Ohne Blazer geht damals kaum etwas.
Ich versuche es wenigstens mit Farbe. Hier ist der Anzug rostrot.
Ab den 2010er Jahren folgt „Casual",
das gepflegte Freizeit-Outfit mit Strick und Sneakers.
Und bei den Jungens verschwinden die Krawatten!

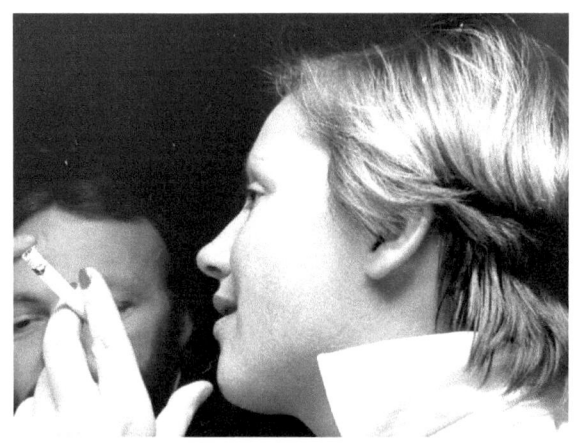

Kettenrauchen in der Arbeit? – Ja!
Im Seminar? – Ja! Das ist damals noch normal,
wenn auch heute nicht mehr vorstellbar.
Kurz danach gebe ich das Rauchen auf, endlich!

Am Strand in Südwestfrankreich.
Heiner ist schon sehr „blond", auch die Stirn wird höher,
das liegt in der Familie.

- Nicht dass Gemeinsinn verschwunden wäre, wir finden ihn nur nicht so verbreitet bei unseren Kunden. Dabei boomen Bürgerinitiativen und haben bald genauso viele Mitglieder wie die Parteien, die durch Schmiergeldaffären weiter Vertrauen verlieren. Umweltschutz und Anti-Atomkraft werden als Themen vor allem nach 1986 durch Tschernobyl „befeuert".

- Wettbewerb drückt auf die Preise der Wirtschaftsprodukte und damit auf ihre Kosten, sodass sich Erzeugnisse nicht mehr allein durch ihre hervorragende Servicequalität von der Konkurrenz abheben. Ihre Herstellung braucht mehr Effizienz.

- Hinzu kommt: Verbraucher und Verbraucherinnen haben weit mehr Freizeit als noch vor fünfzehn Jahren, was ihrer Reiselust und ihren sportlichen Aktivitäten genauso zugutekommt wie ihrer Lust am Shoppen, woraus sie ihre Selbstentfaltung ziehen. Und sie schauen jetzt auf Qualität UND Preis. Neuer Werte-Shift.

- Reorganisationen wollen nicht enden. Alles soll schlank und verschwendungsfrei sein. Firmen malen immer neue Organigramme. Zeit-, Qualitäts- und Projektmanagement erleben auch bei uns im Job ihre Blüte: „Mach es gleich richtig!", „Keine Fehler!", „Nutze Deine Zeit!" schallt es durch Büros, Werkshallen, Küchen, Geschäfte und Seminarräume. Alle wollen viel mit wenig erreichen. Haben Sie damals auch so ein dickes Ringbuch gehabt, das Ihre gesamte Zeit- und Aufgabenplanung und all Ihre Kontakte enthielt? Das alles und noch viel mehr steckt heute in dem kleinen Smartphone!

- Was in Qualitätspräzision aus Japan hereinschwappend in Industrie und Gewerbe bereits selbstverständlich ist, erreicht jetzt die Dienstleistung, die zwischenzeitlich bereits mehr Menschen beschäftigt als die Produktion. Der Trend kommt auch in unserer Profi-Gastronomie an, die schon erste Anfänge vom späteren Werbeslogan „Geiz ist geil!" erlebt. So optimieren wir mal wieder ohne Ende.

Ära der Mitarbeiterbeurteilungen

Optimiert werden soll auch menschliche Leistung, was Firmen schwarz auf weiß sehen wollen. Dafür führen sie jährliche Beurteilungen mit ausgetüftelten Gesprächsleitfäden ein, die Leistung mit Anforderungen abgleichen. Auch Heiner erlebt das, so wie viele andere in ihrer Arbeit. Von uns Beratern sind die Messlatten dafür gefragt: detailliert rund um Fachliches plus Charakterliches plus Soziales. Wir formulieren solche Kompetenzen katalogweise und definieren, was welche Position kennen, wissen, können und wollen soll. Das könne man objektiv einschätzen, meinen Personalreferenten und -referentinnen (ja, hier sind Frauen gut vertreten): „Wer begreift, wo er steht, wird seine erkannten Lücken schon schließen. Oder sein Chef sorgt dafür. Zur Not müssen wir es ihnen halt im Seminar beibringen."

Bitte flächendeckend, denn unsere Kunden sind Filialunternehmen, bei denen Neues von der Zentrale bis nach Bad Reichenhall und Flensburg bzw. nach Helmstedt und Saarbrücken flächig „ausgerollt" wird, und das bitte sofort und unter der Regie von Regionalleitungen, denen wir neue Instrumente vorher erläutern! Sie sollen ja schließlich wissen und unterstützen, was wir ihren Leuten vor Ort beibringen. Unser Wort in ihrem Gehörgang! Das sind mitnichten meine Lieblings-Events, denn diese „Quasi-Fürsten" profilieren sich gerne auch mal spöttisch-herablassend. Janusch kann das hervorragend „von Mann zu Mann" auffangen, mich Fisch fasst das emotional an! Ich wundere mich auch nicht, wenn eine Betriebsleiterin später im Seminar ungläubig hinterfragt:

- „Bringt Ihr das eigentlich auch unseren Chefs bei? Bei denen erlebe ich so was nicht." Tja, was sein SOLL und was IST, das läuft im persönlichen Verhalten nicht immer synchron. Nicht schön.

- Gut, ich sehe ein: das vorrangig zahlen-, daten- und faktengetriebene mittlere Management hat einen anderen Fokus auf Ergebnisse, Kennzahlen und Finanzen. Doch wir legen Wert auf respektvollen Dialog mit den beteiligten Menschen, sonst nehmen die kein Feedback an. Eben sach- UND menschbezogen!

Die Lösung? - Motivation! Stimmt – das ist es! Anreize müssen her. Hmm, auch hier sind wir eher skeptisch, denn von „mal eben zackig motivieren" haben wir noch nie etwas gehalten. Da stimmt eher:

„Führen ist vor allem
das Vermeiden von Demotivation!"
Reinhard K. Sprenger

Doch viele Kunden wollen ihre Mann- und Frauschaften über Karriereversprechen bewegen: „Wenn wir Dich in Deinem Job gut bewerten können, heben wir Dich auf die nächste Stufe." Mit mehr Verdienst. Mit Bonus. Mit Firmenwagen. Mit Status. Also nichts wie hoch in die Betriebs-, die Gebiets- oder gar Regionalleitung – vielleicht sogar in die Firmenzentrale! So stricken wir Ausbildungsprogramme und legen großen Wert auf gute Einarbeitungen für Neue! Doch wir lernen: Bei Beurteilungen geht es keineswegs „objektiv" zu, selbst wenn wir all die gelernten Formulierungsregeln erfüllen, doch um 1985 herum ist das nun mal das Beste, was wir kennen und somit anbieten.

Es wird noch eine ganze Manager-Generation dauern, bis sich neue, offene und von Aktiven selbst gesteuerte Herangehensweisen verbreiten. Damals wären wir damit auf die Nase gefallen, denn noch hätten unsere Kunden eine Selbststeuerung der Arbeitskräfte als unprofessionelles „Laissez-faire" abgetan. Janusch und ich diskutieren intensiv über Lösungen und passen unser Angebot so an, dass es unsere Prinzipien erfüllt. Wir verbiegen uns nicht, allerdings wissend, dass in der Praxis oft genau die Facetten links liegen bleiben, die uns wichtig sind. Damit leben wir.

Auch die Liberalen sind weiter im Kundenstamm aktiv. Für sie vermittle ich in dieser Ära Inhalte rund um kommunale Planung und Haushalte, anstatt wie früher parteinahe Kampagnen bauen zu helfen. Das Europa-Thema kommt hinzu, wobei mir hier alles Agrarische hilft, was ich im Ammerland gelernt habe. „Kleine kommunale" und „große europäische" Themen erweitern meinen Blick und machen mir Spaß, vor allem auch die freundschaftliche Zusammenarbeit

in der FNS. Im Stiftungsauftrag unterstützen wir die „Freiheitlichen"
in Österreich[44], bis uns die abendlichen Gelage der jungen – ja dieser
jungen und doch ewig gestrigen – Teilnehmer mit gegröltem Horst-
Wessel-Lied endgültig abschrecken.[45] Unsere Werte kollidieren un-
vereinbar, das schmerzt und ist schade um die engagierten Verantwortlichen, die uns geholt haben. In Österreich ist der liberale Zug
abgefahren und kehrt auch nicht zu den Freiheitlichen zurück, wie
sich zeigen wird.

Erfreulich ist der ausgedehnte Spanieneinsatz. In interaktiven Workshops vermitteln Trainerkollege Rainer und ich mal wieder „die Einheit von Form und Inhalt", sprich: WIE kommuniziere und intera-
giere ich, wenn ich „liberale Eigenschaften" veranschaulichen will?
Alles wird simultan übersetzt. Die spanischen Freunde und Freundinnen nehmen das neugierig und aktiv auf, was uns mächtig motiviert. Auch die abendlichen Tapas- und Rioja-Weinrunden sind nicht
ohne. Spannend finden wir hier die Willensbildung in Gruppen: Alle
sprechen laut durcheinander und wenn der Letzte das wiederholt,
was die Erste gesagt hat, ist man sich einig. So beschlossen! Solche
Entscheidungen kommen mir echt spanisch vor!

AIDS – das wirklich neue Projekt

Ende der 1980er ist HIV in unserer Gesellschaft angekommen, was

---

[44] https://de.wikipedia.org/wiki/Freiheitliche_Partei_Österreichs, aufgerufen am 07.06.
2022.
[45] Das offizielle Kampflied der NSDAP. „Die Fahne hoch ...", https://www.dailymo-
tion.com/video/x2rsjpy, aufgerufen am 07.06.2022. In Deutschland ist die öffentliche Dar-
bietung durch das 1947 eingeführte Verbotsgesetzes strafbar.

dramatische Ausmaße annimmt. Die Bundeszentrale für gesundheitliche Aufklärung (BZgA) hat mit ihrer Chefin, Dr. Elisabeth Pott, und mit Gesundheitsministerin Rita Süssmuth drei PR-Agenturen beauftragt, eine AIDS-Kampagne zu entwerfen und umzusetzen. Bundesweit geht es um die Aufklärung von „Meinungsführern", z. B. Lehrern und Lehrerinnen. Sie sollen hilfreiches Wissen zu AIDS sachlich an ihr Umfeld wie beispielsweise an Eltern oder Schüler und Schülerinnen in der Sekundarstufe weitergeben. Der Berater aus unserer Trainer-Ausbildung wird methodischer Chef des Projekts und motiviert zwei Kollegen und mich, mitzumachen. Ja, auch hier trifft man sich mehrmals. Was für ein Vorhaben! Das ist und bleibt unwidersprochen eines meiner ganz großen Projekte, vielleicht sogar das mir wichtigste.

„Mehr Beteiligung und Übernahme von
Verantwortung reduzieren den Verdruss."
Rita Süssmuth

Stimmt. Beteiligend sollen wir wirken, so der ausdrückliche Wunsch der Ministerin. Sie beeindruckt mich generell.

Bevor es aber richtig losgeht, müssen wir unsere eigene Haltung zu Sexualität, Krankheit und gar Tod herausfinden, was nicht einfach wird, geht es doch zentral um so etwas Intimes wie Sex. Sex?

- Wir sind die erste Generation, die befreit damit umgehen kann – die erste mit der Pille und die letzte vor AIDS. Tun wir auch. Zeitgemäß. Bei den Jüngeren erlebe ich das später sehr viel zurückhaltender.

- Eine offene Beziehung ist für Heiner und mich selbstverständlich, auch wenn wir nicht breittreten, wenn wir mal rechts und links des Weges grasen. Das geschieht auch nicht dauernd. Es gilt die 40-Meilen-Zone, also bitte keine Beziehung im heimischen Kneipenradius. Und: „Gefrühstückt wird zu Hause!": Unsere Beziehung stellen wir nicht infrage.
- Seufz, da fällt Sex in unserer Generation endlich mal leichter, und schon macht er uns wieder Angst, diesmal auch und oft gerade den Männern!

Wie gehen wir nun selbst im Projektrahmen damit um?
- Wir erarbeiten unsere Gefühle und Einstellungen rund um all die Tabus und tradierten Vorurteile, die trotz aller Aufklärung noch tief in uns sitzen, wie wir erschrocken merken.
- Wir setzen uns mit Schwulen, Lesben, Transsexuellen und Fixern auseinander, mit Medizinischem und Psychologischem, mit sexuellen Aktivitäten und den vielen Emotionen, die dabei überall hochkommen.
- Wir lernen, die einschlägigen Begriffe rund um Penis, Klitoris, Sexualpraktiken & Co. selbstverständlich und gelassen auszusprechen.
- Und wir hören jede Menge Musik aus unseren Walkmans, die jetzt die Ohren füttern: ein Durcheinander aus Patti Smith, Münchener Freiheit, Tracy Chapman und immer noch Jimi Hendrix und Janis Joplin. Die ganz andere Rich-

tung rund um Deuter, Kitaro und die keltischen Weisen entspannt uns dann.

Vor allem klemmen wir uns hinter unsere Arbeit, bauen also ein komplexes Trainingskonzept für diejenigen, die das Programm weitertragen sollen. Anfang 1988 werden wir auf diese Praxisbegleiter und -begleiterinnen losgelassen. Die dreimal fünfzehn Personen lernen und entwickeln sich mit uns über Wochen hinweg in Heidelberg. Über die Agenturen betreuen wir sie weiter und müssen bald Erste aus der Runde nach ihrem viel zu frühen AIDS-Tod betrauern. Sie gehörten zu Hochrisikogruppen und hatten sich infiziert. Es wird noch dauern, bis die Krankheit erfolgreich zu behandeln sein wird.

MUT wird geboren

Dieser Neustart greift tief. Janusch und ich merken, wie sich unsere Interessen auseinanderbewegt haben. Er liebt seine Public Relations mit ihrer vor allem extern ausgerichteten Breite, ich bevorzuge meine Human Relations mit ihrem inneren Beziehungsgeflecht. Organisationsentwicklung und Training eben. So beschließen wir Anfang 1988: „Wir gehen auseinander!" Im Februar teilen wir auf einem Bierdeckel „partner:" gemeinsam mit unserem Catering-Freund Klaus in unserem Lieblingsrestaurant „Lobster" in Frankfurt auf, wo es für mich auch Leckeres ohne Krustentiere gibt. Janusch startet seine PR-Agentur in Frankfurt. Ich gründe „MUT Marketing Ulla Thombansen",

- „MUT", weil ich zu einer „MUTigen" Servicekommunikation und Führungskompetenz „MUTivieren" möchte, was ich als Marketingaufgabe bei meinen Kunden verstehe und wozu ich mich in dem Gründungsmoment auch selbst sehr MUTig fühle.

- Ja, ab jetzt wird „MUT" großgeschrieben und in ein paar Jahren MUTmanagement daraus werden, nachdem das Führungsthema mehr Gewicht in der Arbeit bekommen haben wird.

- So heißt der Laden noch heute, auch wenn ihn seit einigen Jahren die nächste Generation führt.[46]

„Mut steht am Anfang des Handelns. Glück am Ende."
Demokrit, Philosoph

So die Hoffnung! An meinem Geburtstag am 15. März 1988 laden Janusch und ich die AIDS-Seminarrunde abends auf ein Glas ein und verkünden die Neuigkeit unserer beruflichen Trennung. Das will uns niemand glauben. „Ihr versteht Euch doch!", nun ja, als ob man immer im Streit auseinandergehen müsse! Der jahrelange Partner und ich bleiben bis zu seinem viel zu frühen Tod Freunde.

Zunächst scheint es mit MUT aus dem Paderborner Büro heraus wie geschäftlich gewohnt weiterzulaufen, doch bald merke ich: „Das schaffe ich nicht mehr allein". So höre ich mich nach qualifizierter Verstärkung um. Eine Geschäftsfreundin schlägt mir ihre Studienkollegin Christine Possler vor, die gerade Mutter geworden ist und eine neue Arbeit sucht, die mit Mutterrolle samt hilfreichen Eltern im Hintergrund vereinbar ist – das passt doch! Die Arbeit bei uns ist nicht „Nine to Five", viel kann vom „Homeoffice" aus erledigt wer-

---

[46] https://www.mutmanagement.de

den – auch wenn der Ausdruck erst später in die Welt kommt – und zwischen unseren Einsätzen gibt es immer wieder Freiräume für die Beziehungspflege mit dem Nachwuchs. Als sie zum Erstgespräch kommt, raunzt Heiner sie gleich auf dem Hof an, weil sie dort unerlaubterweise parke. „Ich darf das, ich habe einen Termin." So führt sie sich selbstbewusst ein, typisch für sie, die sie die Dinge schnell auf ihren sachlichen Kern bringt. Der Schwiegervater hat einen anderen Blickwinkel auf diese sympathische junge Frau und schaut ihr bewundernd nach: „Die trägt's Hemd, als ob's Leinen kein Geld kostet!" Er ist von Stund' an ihr stiller Verehrer. Einstieg gelungen. Auch ich bin glücklich. Christine arbeitet sich in Windeseile ein und geht mit zum Kunden, vor allem zu dem, der wahrlich nicht einfach ist. Tolle Ergebnisse reifen unter ihrer Tastatur. Und sie wird mir zur Freundin.

Zwischenstopp: Freundschaft mit Frauen?

- Freundin? Mit engen Freundinnen habe ich es nicht so, vielleicht weil ich mit vielen Männern aufgewachsen bin und mit noch mehr von ihnen studiert und gearbeitet habe. In der weiblichen Riege vertraue ich bisher eigentlich nur Helga, Claudia und Barbara. Außerdem noch Patentante Ruthi und jetzt zudem: Christine.

- Stimmt, die Konversation mit Frauen geht mir nicht so leicht über die Lippen, wenn es um Themen jenseits vom Beruf geht. Vor allem im Austausch rund um Küche, Wäsche, Kinder & Co., Nachbarschafts- und Familientratsch, da überkommen mich Schaudern & Schweigen, obwohl ich sonst eher als Quasselstrippe bekannt bin.

- Da gibt es Gesprächsinhalte, die mich interessieren: beispielsweise aktuelle Ausstellungen, Bücher, Reiseerfahrungen sowie auch sehr gutes und anspruchsvolles Kochen, Essen und Bewirten.
  Bei Kino hört es wie gesagt schon wieder auf, denn ich werde auch in den nächsten Jahren kaum Filme sehen. Musicals unterhalten mich. Konzerte werde ich später viele in Stadien und Hallen erleben, aber dabei in meiner organisierenden Rolle hinter den Besuchern stehend. Unten in der Mitte direkt vor der Bühne mitsingend und tanzend? Nix für mich.
- Überhaupt bin ich nicht die nachhaltige Freunde-Kontakterin. Im Hier und Jetzt kann ich Beziehungspflege. Doch wenn ich dann mal weggezogen bin? Da verlieren sich Beziehungen. Schade, würde sich sicher lohnen.

Technik-Dominanz & weltweite Netzwerke

Vor dem Freundinnen-Stichwort fiel oben das Stichwort „Tastatur". Technik. Hilfe, unsere technische Ausstattung wächst und gedeiht! Server und PCs aller Generationen, klobige Monitorkästen, meterlange Kabelkanäle, vielfältige Datenträger, immer neue Software. Tägliche Datensicherungen mit ihrer bürokratischen Begleitorganisation beschäftigen unseren geduldigen freien Mitarbeiter Thomas, zunehmend unterstützt durch Sohn Christian als Schüleraushilfe. Er macht sich auch gut am Kopierer und beim Konfektionieren von Seminarmappen und Handbüchern, und Julia wird ihm bald folgen. Christine erinnert sich in Sachen EDV zurück: „Da stehen wir alle

135

um unseren Freak Thomas herum, und er versucht uns zu erklären, was eine ‚E-Mail' ist. Ich habe es nicht verstanden und die anderen auch nicht." Vom World Wide Web ganz zu schweigen.

Vor allem das Speicherthema nervt. Ja, es ist wichtig, auch gegenüber den Kunden, doch es nagt zeitlich, energetisch und finanziell an uns. Gleiches gilt für die Telefonanlage und für die Riesentrümmer von Druckern und Fotokopierern, die trotz hoher Leasing-Raten meist dann nicht funktionieren, wenn wir sie gerade brauchen. Technik, die begeistert! Um all die Kosten zu kompensieren, braucht es mehr Aufträge für wiederum mehr Erlöse! Daher produzieren wir jetzt auch Broschüren und eine Firmenzeitschrift für den Caterer – er bekommt „alles aus einer Hand"! Das betreut vor allem unsere „Letter-Queen" Sonja. Sie verstärkt uns als Verlagskauffrau, wird später unsere Büroleiterin und redigiert alles Textliche mit kritischem Auge sowie sicherer Hand. Seit sie verheiratet ist mit Kevin, einem Angehörigen der British Army, wohnt sie mal in Ostwestfalen und mal im Vereinigten Königreich, immer so, wie die Army das in ihrer Weisheit entscheidet.

Sonja wird uns am längsten treu bleiben - von wechselnden Standorten aus und selbst dann noch, wenn unsere Büros längst nicht mehr als solche existent sind. Aber wir jagen noch jahrelang dicke und teure Faxe mit Korrekturvorlagen durch den Äther, auch von Seminarhotels aus, deren Rezeptionistinnen daran verzweifeln, bis endlich kostenfreie Scans als Mailanlagen die Faxe ablösen. – Der neue Arbeitsbereich mit Publikationen ist gewerblich, wofür ich die „Thom-Kom", sprich: die „Thombansen Kommunikation" gründe.

136

Sonja im Einsatz. Heute lebt sie mit ihrer Familie in ihrem Cottage in England und geht in ihrem geliebten Gärtnerinnen-Wunschberuf auf.

Die beratungsintensive MUT arbeitet weiterhin freiberuflich. Thom-Kom fertigt fortan ebenso die Fotodokumentationen als Ergänzung zu vorgedruckten Seminarmappen. Spiegelreflexkamera und in der Stadt beim Spezialisten abgezogene Schwarz-Weiß-Fotos liefern Kopiervorlagen, womit wir bis in die Smartphonezeiten arbeiten, bis dahin im Übrigen auch mit aufwändigen Videoanlagen in unseren Verhaltenstrainings. Den Overheadprojektor ersetzt bald der Beamer, erst ein Riesengerät, dann werden die Teile handlicher. Endlich keine Folien mehr!

Mit ThomKom tue ich mir etwas an, was mir wirtschaftlich fast das Genick bricht: Wir erarbeiten nämlich ein digitales Personalentwicklungs-Steuerungs-Tool für den langjährigen Kunden. Die dafür eingestellte Informatikerin baut ihr Team aus, wofür wir von Heiner in der Schlossstraße weitere Büroräume anmieten. Das ist Neuland, was wir MUTig anpacken – nein, eher „überMUTig", wie sich herausstellt. Wir liefern das Produkt nach vielen Nachbesserungen zwar ab, aber lange arbeitet der Kunde nicht damit: Lehrgeld für mich als Unternehmerin. Nur die gute Kundenbeziehung rettet uns vor Kollateralschäden.

Fazit? Ich beschließe „Back to the Roots" und bereinige das Portfolio um alles, was ich mangels eigenem Wissen schlecht selbst lenken kann. Das heißt im Klartext: weniger Umsatz und trotzdem gute Erträge, was mich vom Akquisitionsdruck und von viel Klein-Klein-Management entlastet. Ich will und kann wieder mehr raus in Beratung und Coaching! Für mich ein gutes Ziel! Doch ich muss Teammitglieder kündigen, was nicht immer geschmeidig abläuft. Reduktion von achtzehn auf acht: bitteres Lehrgeld. Mit dem ein oder anderen Arbeitsgerichtstermin. So erfahre ich: Unternehmerin zu sein, ist nicht nur angenehm. Kündigungen aussprechen hasse ich und das rangiert noch vor Bankgesprächen und Spesenabrechnungen. Diese Etappe kostet mich schlaflose Nächte und schafft miese Stimmung in der Truppe.

Bruder Roland ist seit einigen Jahren als Sachbearbeiter und Semi-
nar-Assistent dabei und bleibt das, bis es ihn das erste Mal gesundheitlich aus der Bahn schlägt. Nachdem er sich gerade wieder berap-
pelt hat, diagnostizieren die Ärzte bei ihm Multiple Sklerose (MS),
die ihn nach einigen Krankheitsschüben so behindert, dass er nicht
ins Team zurückkehrt und zum sehr frühen Frührentner wird. Heute
im Jahr 2023 ist er körperlich zwar vor allem in seiner Bewegung behindert – jedoch lebendig im Kopf und noch mobil mit Walking-Stö-
cken, Rollator bzw. Rollstuhl, Auto und Scooter. Er lebt bei uns im
Haus in eigener ebenerdiger Wohnung mit Familienanschluss zu
uns.

Bei MUT fehlt mir lebendiger Erfahrungsaustausch jenseits unseres
Teams. Ich netzwerke und engagiere mich in der degefest[47]. An Per-
sönlichkeitsausprägungen nach wie vor interessiert, investiere ich in
die Lizenz für eine Denkstil-Analyse, die ich bei Kunden einsetzen
will. Doch die schätzen keine vorgefertigten Lösungen, weshalb ich
das nicht vermarkten kann. Ihre Bedürfnisse passen nicht zu meinem
Tool. Hatte ich mir anders gedacht. Schon wieder Lehrgeld. Als ob
mich das nachhaltig klug gemacht hätte! Jahre später wiederhole ich
die gleiche Erfahrung, als ich mich zur Innovationsbegleiterin zerti-
fizieren lasse. Auch hiermit kann ich in meinem Markt keine Nach-
frage generieren und lass es schließlich bleiben. Dumm, da habe ich
denselben Fehler zweimal gemacht!

---

[47] Seinerzeit: „Deutsche Gesellschaft zur Förderung und Entwicklung des Seminar- und Tagungswe-
sens e.V."

degefest ist Mitglied einer internationalen Dachorganisation, die jährlich einen Kongress in wechselnden Ländern ausrichtet. Lernen & Reisen, genial. Ich besuche Veranstaltungen in Amsterdam, Wien, London, Helsinki und Taipeh – nach Taiwan fliegen wir via Hongkong mit einer deutsch-niederländischen Delegation. Im Blick über unseren deutschen Tellerrand empfinde ich Inhalte lehrreich, persönlich schön und zurück zu Hause hilfreich.

Wir werden auf den amerikanischen Verband ASTD aufmerksam[48], der jährlich einen Riesenkongress mit bis zu fünfzehntausend Besuchern und Besucherinnen anbietet – zum bezahlbaren Preis und mit allen Themen und Berühmtheiten auf der Bühne, was in der Personalentwicklung Rang und Namen hat. Wir fliegen hin, denn wir brauchen den weiten Blick, wollen wir doch unseren langjährigen Kunden abwechslungsreich Gutes und Neues bieten, damit diese sich das nicht von woanders holen.

- Change forever? Der ständige Wandel rotiert bereits verbal mit immer neuen „Buzz-Words": Re-Imagine, Re-Inventing, Benchmarking ... Organisationen sollen sich neu erfinden, sich also quasi entkernen und neu wieder so aufbauen, dass sie aktuell entstehende Anforderungen erfüllen.
- Sie sollen statt der etablierten „Best Practices" nun „Next Practices" wählen[49], sprich: nicht alles endlos verbessern,

---

[48] „American Society of Training and Development". Heute ATD ("Association for Talent Management"). https://scholar.google.de/scholar?q=atd+association+for+talent+development&hl=de&as_sdt=0&as_vis=1&oi=scholart, aufgerufen am 07.06.2022

[49] Peter Kruse: next practice. Erfolgreiches Management von Instabilität. 2004

sondern von erlahmten Gäulen absteigen und sich neue Fortbewegungsmittel suchen.

- „Change", „neuartig", „innovativ" und permanente „Reorganisation" begleiten uns, wobei es immer komplexer und schneller wird, wie wir erkennen müssen.

- Die „Lernende Organisation" landet und beschreibt, wie das Lernen so in die Organisation kommt, dass es sich eigenständig weiterträgt.[50] Wie baue ich das System – ohne das Wort „System" geht endgültig nichts mehr – wie baue ich es, damit es sich eigenständig entwickelt und erneuert? Das geht doch nur mit Menschen, oder? Miteinander lernen, neu denken, sich immer wieder anpassen und alles möglichst selbst organisieren. Spannendes People Business. MUT-Business.

- „Performance Management" packt uns als nächstes, vor allem mit unseren Kollegen und Freunden Thomas und Stefan[51]. Es lenkt die Denke von Trainingsbemühungen, die Führungskräfte und Personaler bei jedem Problem als Allerwelts-Heilmittel aus der Tasche ziehen, hin zum Blick auf die Ergebnisse. Welche „Performance", welcher Ertrag soll aus Investitionen herauskommen? Das aktiviert weit über die Frage nach Können und Wissen hinaus, Strukturen kommen verstärkt ins Blickfeld.

---

[50] Peter M. Senge. Die fünfte Disziplin, 1996.

[51] Thomas Lorenz und Stefan Oppitz (Hrsg).: Leading to Performance. 2003

- Dazu veranstalten wir sogar einen internationalen ASTD-Kongress in Potsdam. Im deutschen Chapter der ASTD und in europäischen Treffen finden wir Freunde und Freundinnen, mit denen wir oft zusammenkommen und „hirnen": „Was geht bei uns, was nicht?" Daran wachsen wir, so fühlt es sich jedenfalls an.

„Kreiselmanagement" startet

Die Hierarchien in Kundenunternehmen nerven mich, was wohl meiner DNA geschuldet ist. So könnte ich nicht arbeiten, das engt doch ein! Ich spüre geradezu, wie Regionalleitungen ihren Supervisors im Nacken hocken und die wiederum den Mitarbeitenden „in vorderster Front", die im Kontakt mit Kunden vor lauter Druck kaum noch Luft bekommen. Schwerkraft pur! Mit meinem Buch „Teamgeist als Trumpf" suche und finde ich eine neue Vorstellung. Zunächst übernehme ich die Idee, die hierarchische Pyramide auf den Kopf zu stellen, doch das auf der Spitze stehende Dreieck sieht mir zu wackelig aus. Die Eingebung kommt mir in Paris mitten in der Metrostation Odéon, wo ein Afrikaner Kreisel verkauft. Das ist es! Geben wir dem Dreieck doch Schwung! Solange es sich dreht, ist es so stabil wie unsere Kinderkreisel von früher!

Ich stelle es mir genau vor: Führungsmenschen bilden die Basis. Die Kraft wächst von ihnen Ebene für Ebene nach oben zu denen, die im Kundenkontakt Raum finden und sich frei entfalten können! Das trägt. „Kreiselmanagement" ist geboren. Der kleine Plastikkreisel aus Paris steht immer noch in der Mitte meiner umfangreichen Sammlung von „Spinning Tops", so der englische Ausdruck.

Zugegeben, Kreiselmanagement schlummert noch ein paar Jahre vor sich hin, weil Kunden ihre gerade wieder neu gebauten Organigramme hegen und pflegen. Doch heute liegt es mittendrin im MUT-Instrumentenkasten, angetrieben durch das Tool „Schwunggeber", das MUTige „Coaching on the Job", und durch neue, aktive Führungskommunikation.

Mein erfolgreichstes Buch. Als Grundlagenwerk zur Führung wird es
Lehrbuch an diversen gastronomischen Fachschulen und
ich werde bis heute darauf angesprochen.

Bei Kunden zeichnen sich neue Ansprechpartner ab. Die ersten gehen in Pension, und Jüngere wachsen nach, auch jünger als ich. Warnzeichen? Erkannt! Da blinken gelbe Lampen, denn ich will mich von niemandem abhängen lassen und nehme die Chance wahr, in die Sommerakademie nach Cornell im Staat New York zu fahren.

Ulla, Marianne vom Deutschen Fachverlag und Frank auf dem Campus in Cornell
Ulla in Sambia im Einsatz, auch hier im Spiel mit Packpapier und Kärtchen.

Mein Büro „Im Quinhagen" in den 2010ern mit dem Bild
„Light Insight" vom Filipino José Joya, das ich von den Philippinen mitbringe.
Dieser Office-Einbau bleibt bis in meine Teilzeit-Pensionärszeit,
wenn der kleine Studi-Schreibtisch wieder zu Ehren kommt.

An dieser Universität und bei Professor Chris Muller bildet sich weiter, wer heute das „Multi-Unit-Management" in der Hospitality-Industry bewegt.[52] Wieder macht Lernen in gemischten Gruppen sowie auch das Leben auf dem amerikanischen Campus Spaß. Und ich erreiche das Ziel: Bis heute halte ich erfolgreich Anschluss.

Ulla im Sambia-Einsatz 1989, wieder im Spiel mit Kärtchen und Packpapier.

Als liberale Beraterin raus in die Welt!

Wieder ins Ausland! Für die Friedrich-Nauman-Stiftung reise ich nach Sambia, später nach Thailand und von dort weiter auf die Philippinen: traumhafte Reisen, in denen es wieder um mitwirkungsstarke Kommunikation der politisch Aktiven geht, auf den Philippinen auf Englisch moderiert.

---

[52] https://www.food-service.de/suche/schlagworte/Chris+Muller/, aufgerufen am 07.06.2022

Als wir im Sommer 1989 in Sambia sind, ist das Land massiv unter-
entwickelt. Die Hauptstadt Lusaka treffe ich zweigeteilt an:

- Die Oberschicht verschanzt sich elektrisch und stachel-
  drahtbewehrt hinter Mauern. Die Mehrheit zeigt sich arm
  und gewaltgeprägt. Allein darf ich weder aus dem Haus gehen noch aus dem Auto steigen. Mein Begleiter trägt einen
  Colt. Mein aus dem Hotelzimmer gestohlener CD-Player
  wird einer Großfamilie angeblich ein Jahr lang ihren Le-
  bensunterhalt sichern.

- AIDS ist allgegenwärtig, auch auf den Bürgersteigen oder
  in Polizeikasernen, wo ich den Diebstahl anzeige und wo
  abgemagerte „Slim Disease"-Kranke, wie die Erkrankung
  hier ihren Symptomen entsprechend heißt, reihenweise
  auf Liegen in den Fluren vegetieren. Heftig. Die krasse
  Seite der Epidemie, die mir ja nah ist.

- Im Büro der Nachrichtenagentur Reuters treffen wir uns
  abends mit anderen Nichtregierungsorganisationen, um
  die Friedensmärsche in Leipzig und anderen ostdeutschen
  Städten in den Nachrichten zu verfolgen. Das noch sozia-
  listische Sambia lässt diese News nicht in seine Medien.
  Wir reagieren sehr nachdenklich: Was ist da in der DDR
  los? Was kommt auf uns zu? Wird das alles friedlich abge-
  hen? Wie werden die Russen reagieren?

Im Jahr 2019 werde ich touristisch wieder in Sambia sein und mich
hier in Stadt und Land frei bewegen – welch eine Veränderung! Das
Land wird in dreißig Jahren viel geschafft haben.

Auch Asien erlebe ich zweigeteilt:

- Geschäftiger Wohlstand trifft auf bittere Armut in Slums. Familien durchsuchen qualmende Müllhalden nach allem, was sie zu Münzen machen können. Junge Mädchen in weißer Bluse und schwarzem Rock fahren stundenlang in Minibussen in die Stadt Manila und arbeiten schlecht bezahlt als Kellnerinnen, Reinigungskräfte, Verkäuferinnen oder Bürohilfen, an sieben Tagen in der Woche.
- Ich stutze: In den politischen Kreisen, die ich hier berate, ist diese Schere zwischen Arm und Reich kein Thema.
- Hier geht es offen um Macht: Um an die Macht kommen, an der Macht bleiben, über Macht Status aufbauen und mit Macht den eigenen Clan reich machen. Ein gesellschaftliches Wertegerüst, das Chancen für alle schafft, erkenne ich kaum. Auch eine Erfahrung. Gefällt mir nicht. Nix für mich. Die Trainings bringe ich aber sauber zu Ende.

Zwischenstopp: Unsere „Ost-Erweiterung"

Am 9. November 1989 schalte ich morgens im Seminarhotel den Fernseher ein und traue meinen Augen nicht: Menschen klettern über die Mauer, Trabis fahren hupend durch offene Schlagbäume, Menschen jubeln, Journalisten kommentieren mit sich überschlagender Stimme! Ich begreife: die Mauer fällt.

Ich wecke meinen Kollegen, und wir beschließen spontan: Heute lernen wir tagesaktuelle Geschichte statt Management, erst vor dem Fernseher, dann am nahen Grenzübergang an der A4. Was für eine Stimmung! Gänsehaut, Freudentränen und im Hintergrund leichtes

147

Unbehagen: „Was wird das bringen?" – Eine Menge, wie sich herausstellen wird, denn: Uns ruft der Osten gleich mehrfach:

- Mit einem Kollegen trainiere ich Aktive aus der Liberal-Demokratischen Partei Deutschlands der DDR (LDP bzw. LDPD) in politischer Rhetorik, wozu sie im Bus in die Bildungsstätte der FNS nach Saarbrücken gekommen sind. Einen Abend fahren wir über die grüne Grenze in unser Lieblingsrestaurant nach Frankreich, da schwitzen sie Blut und Wasser, denn dafür reicht ihr sehr eingeschränktes Reisedokument nicht.

  Daran haben wir Trainer nicht gedacht, denn wir zeigen schon lange keinen Ausweis mehr. Letztlich ist alles gut: Das Abenteuer wird zu ihrem Haupterlebnis dieser Reise mit echten Pommes frites, gebackenen Schnecken und französischem Wein!

- In den letzten Jahren der DDR hat mich mein Vater mehrmals mit nach Leipzig auf die Messe genommen, wo ich „ein bisschen Osten" kennenlernen will. Er lebt hier immer privat bei einer Familie. Die dicke gelb-schwarze Luft in der Messestadt erinnert mich an das frühe Ruhrgebiet.

- In unser MUT-Team kommen jetzt Sohn Silvio aus der Gastgeberfamilie sowie zwei Praktikantinnen von der Handelsschule Leipzig. Sie erfahren in Paderborn eine völlig anders getaktete Arbeitswelt, als sie die bisher kennen – und wir erfahren ihre Gewohnheiten: Früher gab es nur das Telefon in ihrer Arbeit, deshalb musste man hier jede Menge für sein Freizeitleben organisieren. Diese Verschnaufpausen gehörten zu ihrem Alltag. In unserem Büro geht es mindestens acht Stunden konzentriert zur Sache, je nach Projektstand auch mehr. Ausbeutung? So sieht es für unsere Ostdeutschen erst mal aus, zumindest strengt es unsere sehr engagierten Neuen echt an.

Völlig überwältigt zeigen sie sich dann von der Lebensmittelmesse ANUGA, auf die wir sie mitnehmen: „So viel frische Lebensmittel auf einmal aus aller Herren Länder?" – Ich stehe etwas beschämt daneben. Wie normal das doch für mich ist!

- Auf dem Wiener Kongress habe ich einen Personaler kennengelernt, der sich in Leipzig mit eigenem Weiterbildungsinstitut selbstständig gemacht hat und westliches Management in Halbjahreskursen für ehemalige „Leiter und Leiterinnen" vermittelt. Wir übernehmen sechswöchige Bausteine zum Thema Service. Montagmorgens fliege ich mit der achtsitzigen Propellermaschine von Paderborn nach Leipzig, am Freitagnachmittag zurück. Als Passagiere kennt man sich im Flieger, wenn man die Getränkebox im Gang weiterschiebt. In der roten sind Kaffee und Tee, in der blauen die Kaltgetränke. Flugbegleiterinnen haben hier keinen Platz.

  Immer dabei: Der Koffer mit dem für die Heimatkommunikation unabdingbaren klobigen Mobiltelefon, seinerzeit noch im C-Netz und nur im Leipziger Stadtkern on Air!

- Soll mal einer sagen, das habe nichts mit Werten zu tun! Oft ringen wir im Training erst mal um das Zugeständnis, dass Kunden Wünsche haben und deren Erfüllung einfordern dürfen, statt dass man ihnen das vorsetzt, was gerade da ist. Das war in der ostdeutschen Wirtschaft mit ihren knappen Gütern natürlich anders. Aber jetzt, welcher Wert sticht jetzt? Der vom Kunden oder der vom Anbieter? Aus Wessi-Perspektive natürlich die Kundensicht: Das Denken soll sich umkehren und aus Verbraucherwünschen heraus das Angebot prägen. Von außen nach innen! Das wird noch dauern, klappt es doch auch im Westen nicht zuverlässig.

- Gemeinsam arbeiten wir uns ins Thema „Qualitätsmanagement" ein, das jetzt in ganz Deutschland für Dienstleister aktuell wird, und damit auch für uns Weiterbildner. Besonders im Osten punkten das Arbeiten nach Norme. Der Verkauf von Produkten mit einem aufgedruckten Siegel wirkt vertrauensbildend.

- Auch ich mache „meinen Auditor" in der Norm „DIN EN ISO 9001 Qualitätsmanagementsysteme" und kann diese damit offiziell gestalten und prüfen. Ein neues Feld im Angebot, passgenau in einer Zeit, in der Beratungs- und Trainingsaufträge nicht üppig gedeihen. Im west-ostdeutschen Team schreiben wir das Buch „Vertrauen durch Qualität" für unsere Weiterbildungsbranche.[53]

---

[53] Ulla Thombansen, Manfred Laske, Christine Possler, Dr. Bernd Rasmussen: Vertrauen durch Qualität. Qualitätsmanagement im Weiterbildungsunternehmen. 1994.

Konzerne ticken anders

Unser Catering-Freund Klaus holt mich 1995 in eine neue Riesenaufgabe. Die Deutsche Bahn will ihre damals noch mehr als vierhundert Kantinen in einer „Qualitätsoffensive" aufmöbeln. Das soll wieder über Multiplikatoren geschehen, die auszubilden sind und dann bundesweit ausschwärmen sollen. Spannend und viel Holz, denn diese jungen Praxistrainer und -trainerinnen ticken „selbst-bewusster", was wir an ihrem vielen Hinterfragen und ihrer Diskutierfreude merken. Die Generation Y ist in unseren Seminaren angekommen.

Der Mammut-Konzern spielt nach anderen Regeln als unsere bisherigen, maximal mittelgroßen Kunden, meist Familienunternehmen. Gesetzliche Mitbestimmung reicht in Trainingsinhalte, -methoden und -zeiten hinein. Überall reden Betriebsrätinnen und Betriebsräte mit, was wir ja grundsätzlich gutheißen. Doch sie kennen unser Metier nicht, trauen unserem Weg oft wenig und ja, sie kommen aus einer anderen Haltung. Sie sprechen von „Beschäftigten", wir von „Mit-Arbeitenden", und beide Seiten erleben frustriert den Unterschied. Wir wissen jetzt, warum mittleres Management oft „Lehmschicht" heißt, denn in der bleiben viel Energie und auch Zeit in immer neuen Abstimmungen kleben. Wir verlängern das Projekt.

Konzernspezifisches gilt auch für den neuen Kunden in der Kaufhauskette. Ja, das ist die, die immer aufs Neue mit ihren wirtschaftlichen Problemen durch die Medien geistert. Unser Ansprechpartner gilt als der Erfinder der deutschen Marktrestaurants, durch die Gäste entlang von bunten Angebotsinseln mit appetitlich präsentierten Gerichten, Salaten, Säften und Desserts schlendern. Sie schauen, lassen sich inspirieren und picken sich das aufs Tablett, was sie besonders anmacht, denn: „Das Auge isst mit!" Ja, das bringt wieder neue Ansprüche an Service, Verantwortung und Mitarbeiterverhalten in unsere Aufträge. Hier klappt die Abstimmung mit zentralen und lokalen Arbeitnehmervertretungen gut, inzwischen können wir das. Gut so.

Zwischenstopp: Die Neunziger

1990 plus? So weit sind wir ja jetzt, schauen wir uns die Eckpunkte an![54]

- Die Wiedervereinigung ist vollbracht. Der Grüne Punkt ist da. Unsere Autos brauchen einen Katalysator. Technomusik dröhnt, zumindest aus Christians Zimmer und seinem Corsa. E-Mails und Handys machen sich breit, das Internet boomt.
- Attentate treffen Wolfgang Schäuble und Oskar Lafontaine. Lady Di stirbt.
- Der zweite Golfkrieg und der langjährige Jugoslawienkrieg zerstören dieses schöne Land, das Heiner und ich 1972 so genossen haben. Nicht genug? Es folgen der Kosovokrieg und andere Kämpfe weit weg – als ob nach dem Mauerfall alles friedlich zugegangen wäre!
- Der Vertrag von Maastricht setzt die Europäische Union in Kraft. Bill Clinton wird Präsident. Die baltischen Staaten machen sich selbstständig. Die Ukraine, die Slowakei und Tschechien entstehen.

---

[54] https://de.wikipedia.org/wiki/1990er, aufgerufen am 07.06.2022.

- Terroranschläge und Schiffsunglücke halten uns in Atem. In Südafrika zerbröckelt die Apartheid.
- Bundespräsident Roman Herzog hält seine „Ruck-Rede".
- Die Mehrwertsteuer steigt. Die Ostdeutschen retten unsere Konjunktur mit ihrem Wiedervereinigungskonsum. Der Euro nimmt erste Hürden und: Wladimir Putin übernimmt die Macht.

Ist das alles schon Geschichte?

Neue Branchen im Portfolio

Eine befreundete Auftraggeberin ist vom Catering in die Telekommunikation abgewandert und zieht uns mit in diese ganz andere Industrie und damit wieder in einen Konzern. Dieses Mal kommen wir super zurecht. Hier bauen und vermitteln wir endlose Kompetenzlisten, inzwischen mit Tochter Julia als Assistentin. Sie ist gerade als angehende Studentin zu Christian nach Dresden gezogen und hat noch viele Möbel und Kisten in seinem Keller stehen.

- In unseren Veranstaltungspausen verfolgen wir in der Elbe-Flut 2002 telefonisch, wie das Nebenflüsschen Weißeritz diesen Keller füllt und alles absaufen lässt. Die Wohnung im dritten Stock bleibt heile, doch schöne alte Möbel und viele Erinnerungen von Julia sind weg.
- Technisch erinnere ich mich an mein erstes Navigationsgerät im Auto, das ich noch in den Neunzigern über diese Kunden-Connection kaufe. Ich melde jede Tour über das Mobiltelefon an, was richtig Gebühren schluckt. Außerdem sind Routeninformationen unzuverlässig, so dass ich

einmal fast im Bodensee lande – das Navi sagt einem nichts von einer Fähre, und an der Anlegestelle liegt auch keine. Dreißig Jahre später wird das völlig easy laufen, da sage ich meinem Auto einfach laut, wohin ich will, und es führt mich auf dem schnellsten Weg dahin. Wie geht das weiter?

Eine schöne Erfahrung: Verantwortliche in den Mensen von Hochschulen ticken anders. Ja, dort tummeln wir uns neuerdings auch in der Serviceoptimierung. Ihre Teams stellen sich gerne auf ihre jungen Gäste ein, deren Wünsche Vorreiter in der Ernährung sind, so zunächst mit Vollwertkost, dann mit Veggie und inzwischen mit Vegan und Plant Based. Sie machen anderen was vor!

Wie komme ich mit alldem zurecht? Als Profi funktioniere ich und habe unseren Laden im Griff. Doch inhaltlich wiederholt sich die Arbeit dauernd. Brennt da noch Feuer? Wo finde ich Funken? Wie kann ich begeistern? Neue Ideen wachsen nicht wie Äpfel auf Bäumen. Mal wieder alles ganz anders machen? Dafür sehe ich keine Ansatzpunkte in meinen Gewässern:

„Versuche nicht, gegen den Fluss zu steuern."
Deepak Chopra

Mitte der Neunziger sind die Zeiten rau geworden, klare Ansagen, Sanktionen bei Nicht-Befolgen werden Alltag für Arbeits- und Führungskräfte. Unliebsames Personal wird gefeuert, auch im Catering. Nix mehr für mich. MUT verlässt das Unternehmen nach gut dreizehn Jahren guter Zusammenarbeit.

Wenn Altes geht, ist Platz für Neues. Im Fußball geht es weiter. Im

Fußball? Ja, im Westfalenstadion in Dortmund soll die Budenversorgung der Fans einer modernen Schnellgastronomie mit freundlichen Verkäufern und Verkäuferinnen weichen, geplant von Freund Klaus, inzwischen unter die Kiosk- und Küchenplaner gegangen. Der Anspruch ist neu in Deutschland. Ist das ein Thema für uns? Na klar! MUT macht hier mit, inzwischen auch mit Julia und ihren Freundinnen als Mit-Jobberinnen!

Ich schaue mir das Business in Houston/ Texas am Rande einer Lernreise an und bin beeindruckt, was die Kollegen dort an modernem Fast Food in Stadien auf die Beine stellen: Schmackhaftes und das optisch einladend, schnell und sauber in ansprechender Kleidung serviert für: „Rechte Hand essen, linke Hand trinken." In der neuen Saison stellen dann auch im Westfalenstadion lächelnde, fixe und fitte Servicejungens und -mädels ruppige Fans an modernen Kioskschaltern zufrieden. Schwierige Fans? Nö, im Kern sind die doch lieb. Jawoll! Dann die Blamage:

- Julia ist mit ihren Freundinnen im Kiosk aktiv und erlebt bei der Neueröffnung, wie das Bier ausgeht.
- „Dabei wollen wir doch mit all dem Neuen angeben, und dann ist das Bier alle? Beim ersten Spiel mitten im heißen August? Kann doch nicht wahr sein!"
- „Haben wir doch die bisher aus Lieferantenerfahrung maximal verkaufte Menge ordentlich aufgestockt, was aber nicht reicht." Ein Schuft, der Böses dabei denkt! Hatten die Budenbetreiber früher noch inoffizielle „stille Reserven"?

- Doch jetzt muss das Kioskteam erst mal überleben: Was tun? Jalousien runter, Chefs anrufen und warten, bis Hilfe naht.
- „Die Fans haben die leeren Becher gegen die Rollläden gedonnert, das dröhnte erbärmlich und wir hatten Sorge, ob die halten", so die Crew.
- Zu groß ist der Schreck wohl nicht, denn Julia bleibt dem Stadion- und Arenageschäft noch gut zwanzig Jahre lang treu.

Mich wird die Fanbewirtung in fast allen deutschen Ligastadien und vielen Veranstaltungshallen begleiten, bis ins Jahr 2023 im neuen Stadion in Freiburg. Ich bin die Spezialistin für ein „Public Catering" geworden, das Fans begeistert und für Betreiber wirtschaftlich attraktiv ist!

Überhaupt wird Freizeit unser neues Feld – jetzt auch mit dem größten deutschen Freizeitpark, der nahtlos die Lücke im Auftragsbuch schließt und mich wieder regelmäßig in den geliebten Schwarzwald führt. Wieder etwas Neues für uns! Ja, wir können Service. Doch in diesem Rahmen? Der Groschen fällt: Branchenwissen muss her, und zwar schnell. Aber wo können wir uns so fix aufschlauen, und das mitten im Winter? – Disneyland Paris is calling! Wir kämpfen uns im Schneechaos in die französische Hauptstadt, wo wir zwei ungemütlich kalte Tage lang den Marktführer im ganzjährig offenen Park studieren, dies später auch mehrfach im Sommer in Seminaren in Orlando/USA, wo er Trainings zu seinem Geschäftsfeld anbietet.

Ja, ich studiere Attraction Industry, das ist mein Funke. Es geht um

Freude, um Begeisterung von Familien, die oft weit anreisen und sogar Übernachtungen im zugehörigen Vier-Sterne-plus-Hotel buchen. Das ist eine andere Hausnummer als Service rund um das bisher eher kleine Portemonnaie in der alltäglichen Mittagsversorgung am Arbeitsplatz, in der Klinik, an der Hochschule oder in der Stadt. Natürlich bezaubert tolle Achterbahn-Technik die Besucherfamilien, aber letztlich geben die fleißigen Mitarbeitenden am Fahrgeschäft, im Shop, im Restaurant und an Snack-Ständen, an Kassen, im Eingang etc. den Ausschlag. Ihr Lächeln zählt vom ersten bis zum letzten Mitarbeiterkontakt den lieben-langen Tag. Dieses Ungleichgewicht aus fordernden Konsumenten einerseits und ihren gestressten Zuarbeitenden andererseits wird immer krasser, so erleben wir es zumindest.

Da kennen Christine und ich uns aus und wir packen die Herausforderung herzhaft und handfest an. Bis in die 2023er Jahre ist uns der Kunde treu! Und wir ihm.

Julia im Borussen- Stadion, der Spielstätte ihrer Helden, in der Brezelproduktion.

Als Schüleraushilfe jobbt Julia später im Freizeitpark im Ferien-Job.
Noch später wird sie hier ihre Master-Arbeit zu Unternehmenskommunikation schreiben,
eine gute Voraussetzung für die Übernahme von MUTmanagement,
was jetzt aber noch nicht absehbar ist.

Abschluss meiner Disney-Ausbildung in Orlando.
Ich habe bestanden, juhu! Foto: Disney-Institute

Christine im „Pinnwand-Ballett" und Ulla in Aktion an meinem 50. Geburtstag,
mit der Branche in einer Fachveranstaltung gefeiert.

159

Unsere komplexer gewordenen Entwicklungsprogramme bekommen im Kundenumfeld
viel Anerkennung mit Trainingspreisen.
Hier der erste für den Caterer!
Für den Freizeitpark kommt dann der zweite[55],
hier folgen auch internationale Auszeichnungen.

Vielleicht, weil MUT seine Werte und viele sich superschnell wan-
delnde Ansprüche versteht und immer wieder erfüllt. Wir arbeiten
uns ins „Edutainment" ein, also in die Kombi aus „Education" und
„Entertainment", was den jetzt „Nachwachsenden" in Seminaren
und Workshops entgegenkommt. Sie wollen sogar beim Lernen be-
spaßt werden. Das macht auch uns Freude und passt zur Basis-Philo-
sophie des Unternehmers:

---

[55] Ulla Thombansen (MUT Marketing & Europa-Park Freizeit und Familienpark Mack KG,
Rust): Strahlende Sterne im Europa-Park. In: BDVT (Hrsg.). Training mit Gewinn. Gewinnerkonzepte des Deutschen Trainingspreises. 2001

„Man muss Menschen mögen!"
Dr. Roland Mack, Europa-Park

Rund um die Familie

Ja, die Familie. Christian absolviert vor dem Studium seinen Zivildienst als Heimschläfer in Paderborn – er muss nach seinem Abitur noch „dienen". Auf diese Weise bleibt er bei Julia, die sonst ziemlich allein in unserer meistverlassenen Hütte wäre und worüber Heiner und ich sehr froh sind. Dann will er Wirtschaftsingenieur an der Technischen Universität in Dresden werden – den Osten hat er schätzen gelernt, als er oft bei mir im Leipzig-Projekt zu Besuch war. Eine Generation davor ist Schwager Conrad noch mit seinem Antrag auf Zivildienst gescheitert, den er sehr ernst meinte und trotzdem die Prüfung nicht bestand. Die Ablehnung hat ihn in die Entwicklungszusammenarbeit gebracht, in der er nach wie vor aktiv ist.

Doch zunächst müssen wir zu meinem Vater, der in der Kur in Montegrotto einen Herzinfarkt erlitten hat. Innerhalb von vierundzwanzig Stunden ist die ganze Familie dort versammelt und begleitet unsere Mutter und ihn in seinen letzten Tagen. Was lachen und weinen wir in diesen Tagen, wenn wir unzählige Erinnerungen aufleben lassen, bis wir ihn beerdigen!

Das Leben geht weiter. Julia geht zu Janusch ins Büro und in die Trainerausbildung und wendet sich dann in Dresden dem Studium der Unternehmenskommunikation zu. Und Christians Freund Steffen, der bald unser Schwiegersohn wird. Sie bleibt mit ihm und ihren inzwischen drei Jungens in Dresden, wo wir sie gerne besuchen.

Irgendwann in dieser Zeit geht mir ein Licht auf: Ich merke, dass ich Raubbau mit meiner Gesundheit treibe. „Ab vierzig schlägt der Körper zurück", meint ein Freund dazu. „K-Ur-laube" helfen. Und obendrein mehr Sport, gesündere Ernährung, mehr Sauerland-Auszeiten zwischendurch, Walken und Golfen, nicht immer konsequent durchgehalten. Ach ja, modebewusst bin ich weiterhin, und bei meinen Autos bin ich als Unternehmensberaterin rollengerecht auf BMW gewechselt. Serviceprobleme in der Werkstatt werden mich zehn Jahre später Audi in die Arme treiben!

Die Landesgartenschau kommt Mitte der 1994 in unser Residenzschloss und seine Parklandschaft. Alles soll schön werden! Da schöpft die Familie Hoffnung: Ob die Stadt wohl dem umfassenden Sanierungsvorhaben unserer verfallenden Fabrik zustimmt? Pläne werden geschmiedet und mit den zukünftigen Erben als Bauherren-Gesellschaft, mit Architekten und Behörden verhandelt und genehmigt. Das alte Kerngebäude, also alles, was über der Pader steht, wird abgerissen. Im Gewerbehaus „hinten" entstehen zwölf Eigentumswohnungen, welche die hohen Abriss- und Sanierungskosten finanzieren sollen. Heiner und ich werden die sechs Einheiten in der vorderen Haushälfte kaufen. So weit, so gut. Doch die Finanzierung? Ich soll bei der Bank die Kredite mitunterschreiben, wogegen ich mich lange und heftig wehre. Heiners Vater überredet mich schließlich dazu – bei einem unserer spätnachmittäglichen Weizenkörner, bei denen wir uns unten auf dem Hof in „Klein-Venedig" austauschen. Mangels Garten habe ich mir hier mit ein paar Pflanzen an der Pader ein kleines Refugium geschaffen. Ja, ich spiele mit. Mit seinen mehr als achtzig Jahren ist er gesundheitlich nicht mehr so gut drauf und möchte sein Erbe in trockenen Tüchern wissen. Verständlich. Er wird uns denn auch bald verlassen und Mutter Lisa zieht nach einiger Zeit ins Pflegeheim um.

Sie ist in den letzten fast zwanzig Jahren nicht schöner geworden, unsere Fleischwarenfabrik. Jetzt sind ihre Tage gezählt. Die Bagger sind angerückt.

Unser Haus wird entkernt und erneuert, unsere Wohnung nun auch ganz oben im Giebel ausgebaut. Mit der Bauherrin und ihren Architekten fechte ich so manchen Strauß aus, bis Fenster in den Gauben schließlich doch größer, Balkongeländer optisch durchlässig und der Hof aufenthaltsfreundlich werden. Dort leben wir noch heute!

Das Haus ist doch ansehnlich geworden!
Wir wohnen jetzt ganz oben auf 150 Quadratmetern im Mehrfamilienhaus.

Zwischenstopp: Terror!

Mit der Fluggesellschaft als neuem Kunden, für die wir die Bewirtung ihrer anspruchsvollen Piloten, Flugbegleiter und Techniker – natürlich auch der „-innen" – optimieren, verbinde ich vor allem den New Yorker Anschlag am 11. September: Da bin ich in Frankfurt auf der

Airbase im Einsatz, als mich Freund und Auftraggeber Georg, im Übrigen ein früherer Mitarbeiter von uns, auf dem Handy anruft:

- „Ulla, bitte verlass sofort die Base, da ist was passiert, wir schließen gleich das Gelände." Gesagt, getan, ich schaffe es noch raus. Ab ins Auto, Radio an, Heiner anrufen, der mich auf Stand bringt.
- In der Raststätte Wetterau versuche ich, an einen Fernseher zu kommen. „Haben wir nicht." Weiterfahren.
- Den zweiten Anschlag erlebe ich übers Radio auf der unruhigen Heimfahrt mit der parallelen mobilen Standleitung zu Heiner, der zu Hause am Fernseher sitzt und alles verfolgt. Später sehe ich dort selbst die Bilder. Unfassbar!

---

11. September 2001 – 20 Jahre danach

Am 11. September 2001 verübten Terroristen der Al-Kaida mit Passagierflugzeugen Anschläge in New York und Washington. Mehrere tausend Menschen kamen dabei ums Leben. Daraufhin zogen die USA in Afghanistan in den „Krieg gegen den Terror", den sie am 31. August 2021 beendeten. ZDF [56]

- Das wird nicht der letzte Terrorakt bleiben, den wir bestürzt erleben. Besonders nimmt mich der Anschlag in Nizza am 14. Juli 2016 mit, als wir dort mal wieder Ferien mit den Enkeln machen und am Nationalfeiertag aus purer

---

[56] https://www.zdf.de/dokumentation/zdfzoom/zdfzoom---911---ein-tag-im-september-100.html, aufgerufen am 07.06.2022.

Faulheit nicht mehr auf die Promenade des Anglais zum Feuerwerk gefahren sind, aber unsere Freunde das live miterleben. Sie können unversehrt fliehen.

Soweit meine zweite Pader-Ära, es wird nicht letzte bleiben.

Was bleibt.

Ulla findet vor allem MUT. MUT, wieder nach Paderborn zu ziehen, ihr Büro zu führen, wieder auf Familie und alte Freunde zuzugehen und schrittweise die heranwachsenden Kinder loszulassen.

MUT, sich allein im Markt zurechtzufinden, ungeliebte Aufgaben anzupacken, Emotionen in der Arbeit zuzulassen, auch länderübergreifend zu wirken, sogar im fremdsprachigen Ausland. MUT, in Tabu-verminten Feldern zu wirken.

Bei Kunden greift Ulla lange auf Bekanntes zurück. Leistungen werden beurteilt, Karrieren gestaltet und alles wird ständig optimiert. Das gehört eben zum Brot- und Butter-Job, wobei die persönlichen Kontakte motivieren und Freude bereiten. Neue Anfänge fühlen sich gut an!

Ulla bewegt sich eng getaktet in Arbeit & Liefern, eher im Hamsterrad als im eigenen Tempo, wohl typisch für sie als Unternehmerin in ihren Vierzigern. Technikausbau und Technikstress. Also: MUTig mit der ThomKom den zweiten

Fisch satteln und in neue Richtungen schwimmen, was reichlich Lehrgeld kostet. Deshalb fängt sie diesen Fisch auch wieder ein, als er keine Luft mehr zwischen die Kiemen bekommt. Wieder aufstehen, Krone richten, neu beginnen. Dabei regelmäßig pausieren. Neue Kundengruppen und -wünsche angehen, sogar ganz neu in der Freizeitwelt, in der die Arbeit wieder Spaß macht.

Lernen, Zusammenarbeit und Freundschaft mit Christine. Die neue Familiengeneration in die Zusammenarbeit einbinden. Und: Manche Kröte muss man schlucken, auch als Fisch.

Auf zu Isar und Bergseen

München ruft: Erfolgreiche Interimsführung

Das neue Jahrtausend ist da, ich bin fünfzig plus und mache mich noch mal auf in einen zweiten Wohnsitz, obwohl Heiner endlich von Paderborn aus arbeitet. Doch getrennt leben, das sind wir ja gewohnt: Auch wenn wir inzwischen dreißig Jahre zusammen sind, kommen da „netto" höchstens fünfzehn Lenze zusammen!

„Oft bringt erst Distanz zwei Menschen
einander näher!"
Annette Andersen

Die von Freund Klaus und seinem Partner Friedhelm vom Standort München aus geplanten Küchen und Verkaufseinrichtungen schaffen neue Rahmen für die Menschen, die darin arbeiten: Das produziert Lernstoff für sie, der in Arbeitshilfen mit aktuellem Lebensmittelrecht und modernen Verkaufsstandards zu beschreiben und ihnen zu vermitteln ist. Mein Job. Gut so.

- Projekt 1: Wir trainieren Pflegerinnen und Hauswirtschafterinnen der bedeutenden Münchner Seniorenheimkette rund um Essensthemen, weil wir den Service in „Wohngruppenküchen" auf den Wohnetagen ausbauen. Hier können die alten Herrschaften aktiv mitkochen und bekommen zu den Mahlzeiten genau das auf ihre Teller, was sie mögen.
- Projekt 2: Im architektonisch nach wie vor einmaligen Olympiastadion München entstehen neue Kioske für die

Fanbewirtung,[57] die 2002 pünktlich für die Leichtathle-tik-Europameisterschaft in Betrieb gehen: mega erfolg-reich! Nach dreißig Jahren haben sich Produkt-, Verkaufs- und Hygienevorstellungen geändert! Denn die alten „Bu-den" sind bereits 1972 für die Olympischen Spiele ent-standen, die gar nicht so heiter wurden wie geplant.[58]
Doch mit welchen Mitarbeitenden? Denn für die Ange-stellten und Aushilfen des städtischen Auftraggebers be-kommen wir keine vernünftige Arbeitsplanung für Sport-veranstaltungen und Open-Air-Konzerte hin, weil ihre Ta-rifverträge weder Einsätze am Abend noch am Wochen-ende vorsehen. Dann machen wir es eben selbst. Die Kü-chenplaner gründen die Concession Company GmbH, de-ren Geschäftsführerin ich werde.

Schon wieder etwas Neues. In den AIDS- und Deutsche-Bahn-Pro-jekten habe ich zwar schon fachlich geführt, doch jetzt bin ich gesamt-verantwortlich und muss zeigen, wie all das funktioniert, was ich in Seminaren erzähle. Das glückt, wir sind erfolgreich: Mir einer tollen und engagierten Truppe, altersmäßig bunt gemischt, eng zusammen-arbeitend und so manches Fest miteinander feiernd.

---

[57] Hier spielen 2005 auch noch die Fußballvereine Bayern München und München 1860.
[58] Am 5. September 1972 verübt eine palästinensische Terrororganisation ein Attentat auf das israelische Team, was ich damals aus Freiburg verfolge: erst die Geiselnahme, dann die Ermor-dung von elf israelischen Sportlern und einem deutschen Polizisten. https://www.km.bayern.de/eltern/erziehung-und-bildung/erinnerungsort-olympia-attentat-muenchen-1972.html, aufgerufen am 07.06.2022

Doch wie lange noch? Denn in dem Maße, in dem die Allianz Arena vor den Toren Münchens Gestalt annimmt, sehen wir unseren Stern sinken. Denn wir erfahren, dass der Energiekonzern, der die Arena betreiben wird, dafür schon ein eigenes Catering-Team aufbaut, beraten durch die Herren Kuffler und Dr. Kaub. Die schon wieder. Sorgenfalten machen sich breit bei unserem Betriebsleiter und seiner Assistentin, die sich schon nach dem nächsten Job umschauen. Halt, stopp, nicht so eilig! Mit viel Anstrengung und Fingerspitzengefühl überzeugen wir: Wir sind die richtigen Partner! Unser Konzept passt! Wir sind im Pitch und in paar Wochen später steht mein Schreibtisch im Konzernbüro. Geschafft. Wir wirken gut zusammen in unserer neuen Arbeitsgruppe, mit der wir den Übergang in die neue, deutlich größere und anspruchsvollere Sportstätte vorbereiten.

Im Frühsommer 2005 ziehen wir dann mit Mann und Maus in die Arena um – ich habe mein Team aus dem „Oly-Park", wie wir ihn nennen, und einige Neue unterbringen können, auch mich selbst in fast alter Funktion, nur jetzt in letzter Konsequenz wieder beratend statt direktiv verantwortlich. Der inzwischen diplomierte Christian verstärkt uns, bis er den ersehnten Job in der Automobilbranche in Stuttgart findet. Er bringt seine Chemnitzerin Stefanie mit, die Freundin, die inzwischen unsere Schwiegertochter ist. Wir haben zwei ostdeutsche Schwiegerkinder!

In der Fußball-Weltmeisterschaft 2006 übernimmt der altbekannte Caterer während dieses Turniers die Regie im Ring. Man kennt sich. Ja, auch hier trifft man sich mehrfach im Leben! Alles klappt super, doch ich habe noch nie so viel gearbeitet wie in diesen Wochen.

Zwischenstopp zu Krieg und Ukraine

An der Stelle möchte ich ein paar Erinnerungen einflechten, die mir einfallen, während sich ab 2022 der russische Überfall auf die Ukraine ereignet.

- Denn ich berate und trainiere inzwischen auch in anderen Stadien, so etwa mit einem Partnerunternehmen eine ganze Weile in Kaiserslautern. Dort wohne ich im Hotel in Stadionnähe – zusammen mit amerikanischen Soldaten und Soldatinnen, die gerade aus Afghanistan zurückkommen und nach einer Erholungspause nach Hause fliegen dürfen. Warum aber nicht sofort?

  Ein Blick in ihre Gesichter gibt Antwort: Grau und stumpf ist ihr Blick, nach innen gerichtet, alles andere als glücklich, kaum jemand spricht mit jemandem. Deshalb, so ein Offizier im Gespräch, würden sie auch hier und nicht auf der Basis in Ramstein „zurück in den Frieden eingewöhnt", denn sie sollen nicht diejenigen demoralisieren, die sich dort auf ihren auswärtigen Einsatz vorbereiten.

  Oh jeh, der Krieg ist zwar weit weg, aber dann doch wieder nicht. Die dicken Army-Transportflieger höre ich jetzt sehr viel bewusster, wenn sie sich in der Nacht in den Himmel schrauben.

- Die Fußball-EM 2012 in Polen und in der Ukraine ruft mich in den Donbass – heute wissen wir alle, wo das liegt! Das nagelneue Stadion von Shakhtar Donetsk wird ein Austragungsort, der die internationalen Fans herzlich und gekonnt empfangen und bewirten will. Das soll ich mit dem dortigen Team in die Wege leiten.

Zunächst kommt ihr Chef Alexander nach Deutschland und schaut sich an, wie wir das hier tun. Dann fliege ich mehrfach nach Donetsk, wo ich auf einem Barackenflugplatz ein- und aussteige. Der neue Airport ist kurze Zeit später fertig und wird schon im Januar 2015 traurig berühmt, als ihn die russischen Separatisten dem Erdboden gleichmachen – dies nach 242 Tagen mit verlustreichen Kämpfen – Vorboten.

Auch das Stadion wird zerstört.[59] Dabei ist es zu meiner Zeit eine Wucht, innen wie außen. Aufwendige Discos, schicke Ausflugslokale, moderne Verkaufsstände und Restaurants, weitläufige Parks zwischen Kohleschächten und eine echte Fußballkultstätte bilden ein beliebtes Ausflugsziel in Donetsk. Die Anlage hat der Oligarch sowie Club- und Mineneigner Rinat Achmetow gestaltet und finanziert. Meine Ansprechpartner reden in hohen Tönen von ihm. Aber all das ist mit den Kämpfen verschwunden, der Traditionsverein Shakhtar Donetsk spielt danach in Kiew Fußball bzw. in Kriegszeiten teilweise gar nicht mehr.

An mehreren Abenden streife ich damals durch die Stadt und mache mich kundig, was die Menschen in den vielen Imbissen und Restaurants so essen. Denn ich will ja ein

---

[59] https://de.wikipedia.org/wiki/Zweite_Schlacht_um_den_Flughafen_Donezk, aufgerufen am 07.06.2022.

Sortiment für das Stadion empfehlen. Die Donetsker scheinen gerne auszugehen und wirken sehr fröhlich. Mit wem auch immer ich zusammenkomme, mich abstimme oder trainiere – und das sind mehrere hundert Kontakte – alle sind sehr neugierig auf den Westen und unheimlich stolz auf das, was sie in ihrer Nation in den wenigen selbstständigen Jahren seit 1990 erreicht haben. Dieses patriotische Selbst-Bewusstsein nehme ich in meiner Erinnerung mit. Daraus hätte soviel werden können!

Leben wie Ulla in Bavaria

Wieder zurück ins Münchener Leben, nun schreiben wir 2010! Von hier arbeite ich und von hier reise ich, wenn andere MUT-Projekte rufen. Es entstehen Qualitätshandbücher für vielfältige Gastro-Einrichtungen, wir bauen hauseigene Akademien für Kunden auf, was vor allem für Christine, Sonja und die jetzt regelmäßig bei MUT mitspielende Julia viel Arbeit ist, was die Drei entweder beim Kunden oder von zu Hause aus erledigen. Frühes Home-Office! Mit Christian, der weiter punktuell unterstützt, und mir sind das fünf Köpfe, fünf Standorte, fünf Rechner, fünf Minidrucker und fünf Mobiltelefone. Das isses. Keine Server mehr. Kabelkanäle abgebaut. Riesen-Drucker und Kopierer zurückgegeben an den Leasing-Geber. Wandel pur. Praktische Digitalisierung.

In München entwickeln wir mit den Küchenplanern und ihrem Team einen völlig neuen Typ von Mitarbeiterrestaurant für einen Verlagskunden: gastronomisch Neues, Herausragendes, Erlebnis-Intensives, was es bisher in Firmen nicht gibt! München liebt mediterran, also fahren wir nach Italien. Ausgiebige Tests in unzähligen Bars, Trattorien und Ristorantes weisen den Weg in Angebotsfrische, authentische Produkte, neue Optik und im Sinne des Wortes „zuvorkommenden" Gästeumgang. Fazit: „Mit top Produkten und top Handwerklichkeit passt es."

Christine und Ulla „sitten" die Enkel Carl und Hanns,
während ihre Eltern in den USA weilen.
Insbesondere Hanns (rechts) atmet die Allianz Arena geradezu ein.
Er kann nicht ohne Ball sein.
Foto: Arena One GmbH, Besuchermanagement.

Drei MUTige beim 40jährigen Jubiläum „unseres" Freizeitparks!
Foto: Europa Park

Das Projekt gelingt so hervorragend, dass weitere Top-Arbeitgeber als Kunden folgen und neue Teams einzuarbeiten sind. So hangeln wir uns durch zahlreiche Eröffnungen. Alles Beratung? Alles Training? Pustekuchen! Christine und ich ziehen unsere Kittel an und packen ganz oft ganz handfest mit zu!

Ich fühle mich in Bayern wie der sprichwörtliche Fisch im Wasser: Rundum wohl. Die Stadt ist schön: mein Schwabing am Ackermann-bogen nahe am Olympiapark, die vielfältige Gastro-Landschaft, „meine Teams", all das gefällt mir. Einmal im Monat fliege ich nach Hause nach Paderborn – die Flugverbindung ist gut und bezahlbar. Ansonsten kommen Heiner und oft weitere Familie nach München.

Tegernsee, Ammersee und Starnberger See sind uns genauso vertraut wie die Seilbahnen auf die Berge und ihre Wanderwege. Zum Loblied auf München gehört die Nähe zu Italien. Was ich rund um Gardasee und Südtiroler Berge kenne und schätze, das verdanke ich unseren Ausflügen in diesen zehn Jahren, was ich immer wieder gerne auffrische! Denn als Wohnsitz wird München ein Ende finden. Schade.

Krise? Ja. Mal wieder Umbruchzeit. „Mein" Arena-Partner wird verkauft, und mit dem neuen Inhaberunternehmen kann ich nicht. Die Meinung von uns lokalen Experten zählt immer weniger, Mitwirkung findet nicht statt. Mein altes Team empfindet das ähnlich wie ich und verlässt nach und nach das sich neu auftakelnde Schiff. Bei den Küchenplanern wandelt sich auch viel, aus meiner Sicht nicht zum Guten. Überall Unzufriedenheit und Ärger! Nix für mich. Auf einer Fahrt nach Dresden halte ich auf einer Höhe im Vogtland an und schaue lange nachdenkend ins weite Plauener Land hinein.

Alle Jahre wieder – Heiner & Ulla auf der Wies'n.

Ich sehe ein, München ist Geschichte, obwohl ich grundsätzlich dortbleiben mag. Traurig. Aber Heiner aus Schloss Neuhaus weglocken? Das schaffe ich nicht, dafür ist er zu sehr in seiner Heimat verwurzelt. Dann muss ich eben zurück! - Ja, Heiner, und ja, Fisch Numero Zwei, ich komme heim ins Reich!

Was bleibt.

Ulla in ihrer bajuwarischen zweiten Heimat, bis heute ein Wohlfühlort für sie: In Stadt und Umland fühlt sie sich einfach sofort zu Hause.

Sie ist auch ein bisschen stolz, scheinbar Aussichtsloses in neuen Projekten gestalten und realisieren zu können. Die Erfahrung stärkt, um auch massive Leistungsanforderungen meistern zu können. Zudem das Wissen: „Wenn es an der Zeit ist, kann ich MUTig aussteigen."

Coming Home

Die Pader hat mich wieder

Wieder zu Hause feiere ich meinen 66. Geburtstag mit sechsund-sechzig Luftballons, das wird ein rauschendes Fest mit Familie und Freunden. Ich bin wieder hier, in meinem Revier. Mein Schreibtisch findet seinen Platz mitten im renovierten „Wohnbüro", das ist wieder mein filigraner, alter Kirschbaumtisch aus Studienzeiten. Neue Zeit, ganz alter Tisch. Opas Schreibtisch wandert in der Familie weiter und „Homeoffice" kann ich ja bereits seit Jahren.

Gut, wenn man einen diplomierten Ingenieur und eine ebensolche Ingenieurin
als Schwiegerkinder hat:
Die 66 Luftballons hängen außen am Haus! Danke, Steffen und Stefanie!

Rotary beschert mir hier sofort vertraute Freunde. In unserem Club sind wir ein lebendiger Kreis aus verantwortlichen Männern und Frauen aus unterschiedlichen Berufen, die ihre Freundschaft pflegen, sich wöchentlich zum Essen treffen und interessanten Vorträgen lauschen, darüber lebhaft diskutieren und gemeinsam Gutes tun wollen.[60] Die Mittel dazu beschaffen wir beispielsweise aus der Tombola auf dem jährlichen Paderborner Reitturnier oder mit dem „Waffeltaxi" auf Volksfesten.

Auch MUTig geht es weiter. Ein paar Münchner Projekte betreue ich noch weitere Jahre, wobei ich Termine gerne an den Wochenrand lege, um das Wochenende in den Bergen zu genießen. Passt. Ansonsten geht es in Fußballstadien weiter und jetzt auch in einer neuen Branche für uns: im Lebensmitteleinzelhandel, wohin uns ein Ansprechpartner aus einem früheren Gastro-Projekt nachzieht, was ja zu unserer Freude öfter passiert. Er hat ein regionales Sortiment aus der fruchtbaren Köln-Bonner Bucht aufgebaut, von dessen Besonderheiten seine Verkäufer und Verkäuferinnen ihre Kundenkreise überzeugen und damit Umsätze ausweiten sollen.

Das braucht Wissen. Viel zu erfahren gibt es über regional angebautes Gemüse und Obst sowie artgerecht gezogenes Fleisch. Die Informationen packen wir in ein Programm aus Selbstlernen, Workshops und Examen. Das Wissen stellen wir inzwischen in die Cloud, sodass Mitarbeitende in der Praxis spontan Gesuchtes per Tablet nachschla-

---

[60] https://www.google.com/search?client=safari&rls=en&q=rc+paderborn+stadt+und+land&ie=UTF-8&oe=UTF-8, aufgerufen am 07.06.2022

gen können, wo und wann sie es brauchen. Das stellen wir digital bereit und sparen uns und den Kunden die ganzen Vervielfältigungs- und Verteilarien. Endlich.

Christine und ich veröffentlichen in diesen Jahren zwei neue Bücher in der Service-Fachliteratur, in denen wir unsere Praxiserfahrung mit Musterlösungen aufarbeiten.[61]

Mit Tochter Julia gründe ich Ende 2015 die MUTmanagement GmbH mit Sitz an ihrem Lebensmittelpunkt in Dresden. Zwei Jahre später steigt die langjährige Mitspielerin Christine für mich als geschäftsführende Gesellschafterin ein. Dabei liefere ich auch meinen letzten Audi ab. Jetzt kehren Heiner und ich zum VW-Konzern zurück und wirklich: Wir ZWEI arrangieren uns mit EINEM Auto! Und zwei E-Bikes! Denkstil geändert. Lebensstil angepasst.

MUT versorgt mich noch mit Einzelprojekten, vor allem zu Qualitätsmanagement und Textarbeiten. Zudem begleite ich Eröffnungen von Restaurants sowie von einem großen Food-Court in Berlin, zusammen mit dem früheren Kundenansprechpartner Jürgen, mit dem ich auch weitere Projekte angehe.

Unser Rüstzeug für Führung und Coaching hat sich gewandelt, weil bisher Bewährtes eher beharrend als verändernd wirkt. Wandel ist jetzt immanent.

---

[61] Ulla Thombansen, Christine Possler: Service mit Profit: Erfolgreiches Management von Servicequalität. 2008.
Christine Possler, Ulla Thombansen: Service Check: Gastronomie & Hotellerie, 2011.

Ulla auf unserem Mini-Messestand auf der Zukunft Personal 2013 in der Bewerbung um den „Internationalen Deutschen Trainingspreis".

Christine, Julia, Auftraggeber Peter Richrath und Ulla als Gewinner des Trainingspreises in Gold. Foto: BDVT.

Die neuen Buzzwords heißen „VUCA",[62] „agil", „New Work", „Customer Journey", „Digitalisierung", „Resilienz" und viele mehr und werden ideologisch genauso absolut vertreten wie ihre Vorgänger. Dabei gilt, so bin ich überzeugt, Altes wie Neues. Beides. Wo neues Wissen gefragt ist, muss es beweglich, flexibel, lösungsorientiert, früh ausprobierend und „selbst organisiert" zugehen, was ich als Ghostwriter in unserem Blog praxisverbunden aufbereite.[63]

In der Gastro allerdings, wo sich Routinen im Alltag wiederholen und Wissen halbwegs stabil ist, da passt vieles noch immer aus dem bekannten Werkzeugkasten. Mitwirkung aller Beteiligten zählt nach wie vor, respektvolle Zusammenarbeit in gutem Ton und ein konsequenter Blick nach vorne sind unabdingbar. Dieses MUTige Geschäft betreiben nun Christine und Julia „Mit Hirn, Herz und Hand"![64] Ihr Prinzip heißt immer stärker:

„Arbeite am System, nicht im System!
Repariere Arbeitsbedingungen,
dann engagieren sich Menschen.
Nicht, wenn Du an ihnen herumschraubst!"[65]

So bringt sich MUT in die nächste Generation und ich mich in die Teilzeit-Pension. Da bin ich „Omi Ulla", verreise mit Mann und Enkeln und genieße das in vollen Zügen!

---

[62] Volatil, Uncertain, Complex, Ambiguitäts-intensiv, https://www.mutgestalten.de/blog/2020/04/09/vuca-live/, aufgerufen am 07.06.2022
[63] https://www.mutgestalten.de, aufgerufen am 07.06.2022
[64] https://www.mutmanagement.de, aufgerufen am 07.06.2022
[65] https://intrinsify.de/was-ist-future-leadership/, aufgerufen am 07.06.2022

Herzlichen Glückwunsch: Christine (ganz rechts) als meine Nachfolgerin
und frisch gebackene MUT-Gesellschafterin.
beim diesem Anlass angemessenen Essen mit Julia (links) und mir.

Familie fängt auf

Wir kochen und reisen an die Côte d'Azur oder in die Normandie. Da freue ich mich über andere Perspektiven: Wasser, Strände, Sonne, andere Wälder, andere Bauten, ja, andere Straßenschilder! Stimmt, Perspektivwechsel fesselt mich. Wenn ich Bilder in einen neuen Rahmen setze und aus anderem Winkel betrachte, erschließt sich mir Neues. Dann sehe ich mehr, komme oft zu anderen Ergebnissen und kann manch positiven Kern entschlüsseln, der sich vorher hinter krittelnder Tünche verborgen hat. Oder umgekehrt: Ich erkenne rechtzeitig Hindernisse und kann sie ausräumen, bevor sie mich umhauen. Gute neue Blickwinkel!

Zu unseren Ritualen gehört die jährliche Martinsgans,
an der wir hier in unserer Küche werkeln, ca. 1998.
Ich habe sie schon aus dem Rheinland nach Freiburg mitgebracht und
seit 1968 bis heute ohne Unterbrechung Jahr um Jahr zelebriert!
Dann sitzen wir an langer Tafel, möglichst mit immer neuen Gästen.

Im Juli 2015 steht bei Heiner der nächste runde Geburtstag an, der siebzigste! Seit seinem Vierzigsten haben wir alle in Südfrankreich gefeiert und haben das auch jetzt vor: und zwar so richtig üppig!

Henry, der Gastgeber am 70. Geburtstag in Südfrankreich!

Mit den Enkeln fahren wir viele Jahre lang gerne in Urlaub an die Côte d'Azur und in die Normandie, jeweils zu den lieben Freunden. Oder nach Kroatien. Doch mittlerweile finden die das nicht mehr so cool. Schade, Jungs! War immer schön mit Euch. – Regelmäßig zieht es uns nach Namibia! Auch Jakob ist inzwischen sieben Jahre alt geworden und darf 2020 mit zu den großen Tieren – wie seine Brüder schon im selben Alter. Und die sind jetzt sogar erneut dabei! Unser erfahrener Familien-Guide Henry hat wieder eine tolle Tour organisiert: Mit drei Toyota-Pick-ups kurven Christian, Stefanie, Julia, Steffen, Carl, Hanns, Jakob, der Guide Heiner und ich durch Afrika!

Zurück nach Hause: Was hat sich hier getan? Heiners Mutter haben wir schon vor ein paar Jahren nach ihrer lange ertragenen Demenz beerdigt. Meine Mutter wird hinfällig und zieht in eine Seniorenresidenz. Ich löse ihr Haus in Düsseldorf auf, was sich als nicht einfach erweist.

Christian, Grace und Julia auf der Feier.
Sind „die Kleinen" groß geworden, seitdem sie die Beiden als Au-pair versorgt hat!
Dazwischen liegen gut dreißig Jahre.

Sechs Jahre später auf dem Quinhagenhof:
Diplom-Metzger Heiner mit einem Kult-Teil für den Grill beim 76. Geburtstag.

Am Ferienhaus auf dem
Cotentin in der
Normandie bei den
Freunden Henning und Ute.

Am Strand mit Enkel Jakob in 2021.

Die Artefakte aus dem Großbürgertum wie Ölgemälde aus der „Düsseldorfer Schule" [66], riesige Perserteppiche oder auch die Stilmöbel will keiner mehr haben. Ausstattungsideale sehen heute anders aus.

---

[66] https://de.wikipedia.org/wiki/Düsseldorfer_Malerschule, aufgerufen am 07.06.2022

Einzelteile bringe ich bei Kindern, Nichten und Neffen unter, Anderes landet schubweise auf eBay. Pelze werden zu Decken und Mantelfutter umgearbeitet, denn die Tiere sind schon lange tot und sollen einen Nutzen haben, auch wenn „man" keinen Pelz mehr trägt.

Corona ist angekommen

Ja, wir sind im März 2020 angekommen. Namibia hat vorher so gerade noch geklappt, aber meine große Fete zum Siebzigsten am 15. März 2020 nicht mehr. Sie ist mit Musik, ausgesuchtem Essen, schönen Weinen und lieben Freunden im Lieblingslokal fix & fertig vorbereitet. Wird aber nix. Zwei Tage vorher sage ich alles ab, denn der erste Corona-Lockdown steht ins Haus. Mist! Dann werde ich eben erst in sieben Jahren feiern, und dann angemessen mit 77 Luftballons!

Im Januar danach erwischt das Virus meine Mutter im geradezu biblischen Alter von 97 Jahren. Ihr Kopf ist noch klar, doch ihr Herz übersteht die Corona-Infektion, die die Impfsanitäter ins Haus geschleppt haben, nicht mehr. Meinen Abschiedsbesuch werde ich nicht vergessen:

- Das Team in der Uniklinik ist sehr herzlich und betreut sie liebevoll. Man kleidet mich hygienisch ein und warnt mich vor: „Ihre Mutter spricht seit heute Nacht ununterbrochen." Stimmt. Sie schaut mich mit großen Augen an und fragt: „Wer sind Sie?" Dann redet sie weiter. Es geht um Grundstücke, Architekten, etwas, was sie unserem Vater verschwiegen hat, alles ohne Punkt und Komma.

- Da schwirren offensichtlich noch lose Fäden durch ihr Gehirn, die verknüpft werden wollen. Dann schaut sie mich wieder an: „Geben Sie mir bitte mal mein Telefon aus der Schublade! Ich muss meine Tochter anrufen. Die will morgen mit ihrem Mann kommen und mich zum Essen ausführen. Das macht aber keinen Sinn, das will ich verschieben." Ich unterdrücke aufsteigende Tränen, gebe ihr das Handy und strenge mich an, dass sie mich erkennt, dass ich es bin, ihre Tochter, die vor ihr sitzt. Ja, ich ziehe sogar die Maske hinunter. Vergeblich. Ich drücke sie noch mal und gehe. Traurig.
- Eine Stunde später schellt auf der Rückfahrt nach Hause mein Telefon im Auto: „Ilse Trippe" zeigt das Display. Ich nehme ab und spreche sie an: Doch sie legt sofort los: „Kind, schön dass Du morgen kommen willst. Doch das machen wir besser ein anderes Mal. Mach Dir noch einen schönen Tag. Tschüss!" Eingehängt. Das raubt mir die Fassung, jetzt laufen die Tränen. Das war ihr Abschied!

Im Lockdown bewegen wir uns auf zwei oder vier Rädern auf „Panoramafahrten" in der Umgebung, wodurch wir inzwischen die Feld- und Wirtschaftswege im Teutoburger Wald, in der Egge und in Richtung Münsterland kennen.

Und MUT? MUT trifft Corona mit voller Macht. Die Gastrokunden ziehen alle Aufträge zurück – das ist fast unser komplettes Volumen! Arbeit und Erlöse weg, bis sich wieder digital ein wenig tut. Der Staat hilft etwas. Julia geht bei einem Kunden, der Start-ups betreut, fest in

Lohn und Brot. Das Business überzeugt, so dass MUT sich im Folge-jahr an dem Unternehmen beteiligt und ein zusätzliches Standbein findet. Auch hier gilt: Aufstehen, Krone richten, auf zu neuen Ufern!

Was passiert sonst? – Christian hat sich im aktuellem Strukturwandel beim Automobil-Zuliefere auszahlen lassen und Stefanie hat ihren Job bei der Stadt Stuttgart gekündigt. Nach „15 Jahren Berufsmühle" wollen sie ab März 2020 eine lange Weltreise machen. Denkste. Auch das killt Corona. Stattdessen werkeln die Beiden im alten, seit Jahren unbewohnten Bauernhaus von Stefanies Familie in Mecklen-burg und entscheiden im Herbst: „Wir ziehen ganz dahin." Mit ei-nem dortigen Job für Christian hat es geklappt, Stefanie sucht Mitte 2023 noch ihren Weg. Zu tun gibt es genug, zumindest in der Kom-munikation mit dem Denkmalschutz und den Handwerkern. Im Bau-ernhaus sind erste neue Balken gelegt, Elektrik ist weitgehend neu, einige Fenster erneuert. Auch der sanierte Schuppen steht samt So-laranlage, die im Winter das Ofenheizen ergänzt. Mit an Bord sind bereits ein Hühnerstall mit vier Hühnern und einem Hahn, die beiden Katzen Flux und Lilou, die Hirtenhündin Frieda und sieben Schafe. Etwa einmal im Quartal bin ich da und genieße die unberührten Landschaften mit den wunderschönen alten Bäumen.

In meinem Alltag liegt mehr im rotarischen Ehrenamt an: Jetzt bin ich dort PR-verantwortlich und übernehme Projekte. Außerdem Modell-stricken & Modellhäkeln. Unbedingt Schreiben. Und Fernreisen. Freundschaften besser pflegen, denn das Verbundensein brauche ich. Dann Sprachen lernen. Und Musik, momentan wieder Bryan Adams, Jethro Tull, Phil Collins – und immer noch der Boss, Bruce

Springsteen. Da gilt für mich mit einem meiner Lieblings-Fachautoren:

„Wir können die Zukunft nicht voraussagen,
aber wir können sie gestalten."
Peter Drucker

Wir möchten noch einiges sehen. Im Haus haben wir 2022 und 2023 mit Geld- und Nervenaufwand viel renoviert, das ist erst mal alles schick. Wir sind frei, frei in unseren Siebzigern. Wir können einfach so losmachen, auch über lokale Panoramafahrten und Kurztrips hinaus. Ja, ich wünsche mir weiter neue Weitblicke.

Wir blicken bereits auf viele gemeinsame Reiseziele zurück. So haben wir China 2017 und 2019 besucht, dort neben Peking vor allem den Buddha-reichen Nordwesten und Tibet. Außer den wunderschönen Landschaften, der superschnell entwickelten Infrastruktur und dem chinesischen Wohlstandshunger haben wir einiges an – aus unserer Sicht – politischer Unkultur wahrgenommen, dies verstärkt bei unserem zweiten Besuch im Jahr 2019. Deshalb zieht es uns nicht mehr dahin – aber es verbleiben auch so noch genug neue Ziele.

Und was will ich? Ich zettle immerzu neue Perspektiven für uns an: Heiners Bruder Conrad lebt und arbeitet in Tansania, also auf nach Tansania und nach Zanzibar. Ich lerne Italienisch, also möchte ich wieder nach Italien. Wir haben Freunde im Norden und im Süden von Frankreich, also wollen wir wieder in den Norden und Süden von Frankreich. Heiner liebäugelt mit dem hohen europäischen Norden, ich kann mir weiterhin Afrika oder Südamerika vorstellen, ja, Indien

Unter tibetischer „Höhensonne" in einem der seltenen Cafés.
Auf mehr als 4.000 Höhenmetern knallt das ganz schön! Foto: Friederike Probst.

ist gebucht – das ergibt einen ganz schönen Bogen mit reizvollen Destinationen.

Was bleibt. Was wird?

Die Ulla als alte Dame – mittendrin in ihrem abwechslungsreichen Leben mit lieb gewonnener Familie in echter Ost-West-Vereinigung mit zwei sächsischen Schwiegerkindern und drei Ossi-Enkeln, lieben Freunden und immer neuen Erfahrungen. Dies im Blick zurück auf eine Zeit, die sich schneller geändert hat, als sie je erwartet hat, und die in der Gegenwart sehr freundlich zu aufgeschlossenen Senioren ist!

Mit einer Haltung zwischen „Ich" und „Wir" pendelnd. Beruflich mal reformfreudiger, mal beharrender; mal auf Einzelvorhaben konzentriert, mal auf das große Ganze. Immer im Zusammenspiel von Mensch und Sache – möglichst hin zu ausgleichender Einflussnahme. Ehrgeizig und lange Zeit recht kritisch. Und reichlich perfektionistisch. Und doch im Kern immer wieder entwicklungsMUTig.

Aufsässig? Wo ist das geblieben? Stimmt, sie scheint angepasster. Aber nicht mit Haut & Haar. Reaktionäres oder bevormundendes Gerede und Gehabe oder auch umständliches Getue erträgt sie nach wie vor kaum, da macht sie den Mund auf und sagt ihre Meinung. Egal ob im Business, in der Kneipe oder auf der Straße. Ob in Paderborn, in Bayern, in Sachsen oder in Mecklenburg.

Nun ist die Ulla nicht mehr ganz so frisch wie in Jugendzeiten. „Du hast ja Striche in Gesicht", hat mir der jüngste Enkel schon vor ein paar Jahren mit Blick auf die ersten Falten attestiert. Ärzte sind öfter aktiv, und mehr Medikamente stehen auf dem Nachtisch als in jungen Jahren. Doch mit klarer Denke und Freude. „Natürlich fühle ich mich jünger als ich bin, so wie die meisten eben. Doch klar ist: Ich werde oben im Friedwald landen, wo sich niemand um die Grabpflege kümmern muss. Dann liege ich wirklich als Fisch unter Bäumen!"

Und bis dahin? „Bis dahin zählt Zuversicht! Denn die Welt-bühne ist für uns 1968er und unsere Folge-„Gens" viel besser, als wir uns das tatsächlich eingestehen." Wenn nicht diese missliche „German Angst" immer so pessimis-tisch machen würde! Mit dem Grübeln über Fehlendes und Versäumtes, dem Toleranz-befreiten Beharren auf eige-nen Positionen, dem Krisengerede und Starren auf Agita-toren, die unsere Werte mit Füßen treten.

Sicher ist: Change pflanzt sich irre schnell fort. Das Meta-versum hat seinen Fuß in der Tür, Kryptowährungen set-zen sich durch. Autonome Mobilität wird Wirklichkeit wer-den. Kohlendioxid wird aus unserer Materie isoliert und abgebaut werden. Heute knappes Wasser werden wir aus den Meeren gewinnen. Der umtriebige Elon Musk will eine außerirdische Siedlung auf dem Mars schaffen mit mindes-tens einer Million Einwohnern – für das Überleben der Menschheit, falls wir die Erde doch kaputt bekommen.[67]

Visionen sind da! Also: „Also will ich hoffnungsvolle Zu-kunftsbilder malen statt schwarzgefärbte Untergangssze-narien." Krisen überwinden oder zumindest abmildern. Denn die werden kommen. Die sind immer gekommen, haben uns aber nicht untergekriegt. Und ja, Ulla will „neu-gierig" und MUTig bleiben.

---

[67] Ted-Talk mit Elon Musk: https://www.youtube.com/watch?v=YRvf00NooN8, aufgerufen am 07.06.2022

„Gefühlvoll, beharrend und bemutternd,
anders kann ich Fisch ja gar nicht."

Diese Lebensfreude wünsche ich uns sowie Euch und Ihnen, die mein Lebensbuch erkundet haben, ganz praktisch für Selbst-Zuversicht und für Selbst-Wirksamkeit:

"Do it big, do it right, do it with style!"
Fred Astaire!"[68]

Ihr „Fisch unter Bäumen", die Ulla.

---

[68] Zitiert nach Stefan Verra. Newsletter Body Language. 2022

Danke!

Das Werk ist vollbracht, jetzt auch die umfangreiche Überarbeitung, mit der ich Einiges verdichtet habe. Das war eine sehr persönliche, eine ganz andere Expedition als meine sonstigen Reisen. Ich bin durch unendlich viele Erinnerungen gesurft, durch Aufzeichnungen und Gespräche, durch die ich Vergangenes wieder ans Licht holen und Vieles neu einordnen konnte.

Danke zuerst an die „Gegenleser und Gegenleserinnen", vor allem an Christian, Christine und Heiner, die mich erMUTigt haben, meine Lebensgeschichte auch zu veröffentlichen. Danke zudem an Jürgen Zirbik, der mich als Sachbuch-Coach auf den Trichter mit der Babyboomerin als „Roten Faden" gebracht und immer wieder erinnert hat: „Für den Leser schreiben!" Danke an Diana Schmid, die Lektorin der ersten Version, die engagiert Verständnisbrüche geschlossen, Formulierungen aufgefrischt und mich ebenfalls zur Veröffentlichung ermuntert hat.

Danke auch an unseren Freund und passionierten Fotografen Dave Lubek für die Portrait-Bilder mit dem tollen Fisch, den er aus fernen Ländern mitgebracht hat. Und Danke an die Wegbegleiter und -begleiterinnen, die ihr Bild zur Veröffentlichung freigegeben haben! Jetzt lasse ich los.

Ulla Thombansen, im Juni 2023

ulla@thombansen.net; https://www.ullalive.de

Literatur und Quellen:

Blanchard, Kenneth u. a.: Der Minuten Manager – Führungsstile. 1992

Dahrendorf, Ralf: Die angewandte Aufklärung. 1970

Flach, Karl-Hermann: Mehr Freiheit für mehr Menschen. 1979

Frei, Norbert u.a.: Flick: Der Konzern, die Familie, die Macht. 2010

Harris, Thomas A.: Ich bin o.k., Du bist o.k. 1973

Held, Kurt: Die rote Zora und ihre Bande. 1963

Hersey, Paul: Management of Organisational Behavior: Leading Human Resources. 1978

Hesse, Hans Albrecht: Berufe im Wandel. 1972

Horovitz, Jacques: „Service entscheidet. Im Wettkampf um den Kunden". 1987

Jeffries, Stuart: Grand Hotel Abgrund. 2016

Kruse, Peter: next practice. Erfolgreiches Management von Instabilität. 2004

Lorenz, Thomas; Oppitz, Stefan (Hrsg).: Leading to Performance. 2003

Luhmann, Niklas: Soziale Systeme: Grundriss einer allgemeinen Theorie, 1987

Malmberg, Hans nach Selma Lagerlöf: Nils Holgerson. Seine schönsten Abenteuer in Bildern. 1962

Mark's Monthly, 07.04.2022. Siehe auch https://intrinsify.de/news/, aufgerufen am 07.06.2022

Mead, Margaret: Jugend und Sexualität in primitiven Gesellschaften. 1970

Meadows, Dennis L.: Bericht des Club of Rome zur Lage der Menschheit

Myrdal, Gunnar: Objektivität in der Sozialforschung. 1971

Neill, Alexander S.: Theorie und Praxis der antiautoritären Erziehung. Das Beispiel Summerhill. 1969

Pennekamp, Johannes: Servicewürste Deutschland. https://zeitung.faz.net/faz/wirtschaft/2022-08-06/48dc87871810bc710a92a712780d7267/?GEPC=s5, aufgerufen am 08.08.2022

Peters, Thomas J.; Waterman Robert H.: Auf der Suche nach Spitzenleistungen. Was man von den bestgeführten US-Unternehmen lernen kann. 1983

Poppenburg, Mark. Neuhaus, Elisabeth: Newsletter vom 05.05.2022, aufgerufen am 07.06.2022

Possler, Christine; Thombansen, Ulla: Service Check: Gastronomie & Hotellerie, 2011

Priemel, Kim Christian: Flick: Eine Konzerngeschichte vom Kaiserreich bis zur Bundesrepublik. 2007

Pufahl, Mario: Sales Performance Management: Exzellenz im Vertrieb mit ganzheitlichen Steuerungskonzepten. 2018

Schulz von Thun, Friedemann: Miteinander reden. 1981; Das innere Team in Aktion. 2004

Senge, Peter M.: Die fünfte Disziplin. 1996

Thombansen, Ulla: Teamgeist als Trumpf. 1993

Thombansen, Ulla (MUT Marketing & Europa-Park Freizeit und Familienpark Mack KG, Rust): Strahlende Sterne im Europa-Park. In: BDVT (Hrsg.). Training mit Gewinn. Gewinnerkonzepte des Deutschen Trainingspreises. 2001

Thombansen, Ulla u.a.: Vertrauen durch Qualität. Qualitätsmanagement im Weiterbildungsunternehmen. 1994

Thombansen, Ulla; Possler, Christine: Service mit Profit: Erfolgreiches Management von Servicequalität. 2008

umx: Skepsis gegenüber Gen Z, FAZ 13.05.2023.

Verra, Stefan: Mailinglists und Newsletter

Watzlawick, Paul: Wie wirklich ist die Wirklichkeit? Wahn, Täuschung, Verstehen, aktuell: 2021

https://globalyoungminds.com/downloads/How%20to%20engage%20pandemials.pdf, aufgerufen am 07.06.2022

https://intrinsify.de/was-ist-future-leadership/, aufgerufen am 07.06.2022

https://de.wikipedia.org/wiki/Atomwaffensperrvertrag, aufgerufen am 07.06.2022

https://de.wikipedia.org/wiki/1980er, aufgerufen am 07.06.2022

https://de.wikipedia.org/wiki/1990er, aufgerufen am 07.06.2022

https://de.wikipedia.org/wiki/Düsseldorfer_Malerschule, aufgerufen am 07.06.2022

https://de.wikipedia.org/wiki/Francisco_Franco, aufgerufen am 13.07.2022

https://de.wikipedia.org/wiki/Friedrich_August_von_Hayek. Aufgerufen am 07.06.2022

https://de.wikipedia.org/wiki/NATO-Doppelbeschluss, aufgerufen am 07.06.2022

https://de.wikipedia.org/wiki/Wende_(Bundesrepublik_Deutschland), aufgerufen am 07.06.2022

https://de.wikipedia.org/wiki/Unruhen_in_Detroit_1967, aufgerufen am 07.06.2022

https://de.wikipedia.org/wiki/Zweite_Schlacht_um_den_Flughafen_Donezk, aufgerufen am 07.06.2022

https://www.emma.de/artikel/wir-haben-abgetrieben-265457, aufgerufen am 07.06.2022

https://www.food-service.de/suche/schlagworte/Chris+Muller/, aufgerufen am 07.06.2022

https://www.freiheit.org/de/focus/50-jahre-freiburger-thesen, aufgerufen am 07.06.2022

https://www.hnf.de/besuch/allgemeine-informationen/jubilaeumsjahr-2021.html, aufgerufen am 07.06.2022

https://managementwissenonline.de/artikel/transparenz-fur-den-personaler. Aufgerufen am 14.07.2022

https://www.google.com/search?client=safari&rls=en&q=rc+paderborn+stadt+und+land&ie=UTF-8&oe=UTF-8, aufgerufen am 07.06.2022

https://www.km.bayern.de/eltern/erziehung-und-bildung/erinnerungsort-olympia-attentat-muenchen-1972.html, aufgerufen am 07.06.2022

https://www.mutgestalten.de/blog/, aufgerufen am 07.06.2022

https://www.mutgestalten.de/blog/2020/04/09/vuca-live/, aufgerufen am 07.06.2022

https://www.mutmanagement.de, aufgerufen am 07.06.2022

https://www.ndr.de/geschichte/koepfe/Oswalt-Kolle-Der-Aufklaerer-der-Nation,oswalt-kolle102.html, aufgerufen am 07.06.2022

https://www.nw.de/lokal/kreis_paderborn/paderborn/20665912_Warum-Schloss-Neuhaus-vor-40-Jahren-gegen-seine-Eingemeindung-klagte.html, Aufgerufen am 07.06.2022

https://rp-online.de/nrw/panorama/so-verlief-der-erste-smog-alarm-deutschlands_aid-35600259, aufgerufen am 07.06.2022

https://scholar.google.de/scholar?q=atd+association+for+talent+development&hl=de&as_sdt=0&as_vis=1&oi=scholart, aufgerufen am 07.06.2022

https://www.sueddeutsche.de/wirtschaft/wohlstand-rente-babyboomer-1.5461490, aufgerufen am 07.06.2022

https://wirtschaftslexikon.gabler.de/definition/organisationsentwicklung-43924,aufgerufen am 07.06.2022

https://www.youtube.com/watch?v=ITunXaoTHN4, aufgerufen am 07.06.2022

https://www.zdf.de/dokumentation/zdfzoom/zdfzoom---911---ein-tag-im-september-100.html, aufgerufen am 07.06.2022

Zitate wie angegeben, zusätzlich: https://zitate.net; https://www.zitate.de; https://www.leadershipjournal.de/zitate-fuehrung/; https://www.mehr-fuehren.de. Alle aufgerufen am 07.06.2022